Découvrez l'histoire par les archives de presse

RETRONEWS
Le site de presse de la BnF

www.retronews.fr

ALMANACH

ALMANACH

DU

PÈRE PEINARD

Farci de galbeuses histoires

ET DE PRÉDICTIONS ÉPATAROUFLANTES

POUR

1894 --- An 102

O toi, père paterne
Qui muas l'eau en vin,
Fais de mon cul lanterne
Pour luire à mon voisin.

RABELAIS.

Prix de l'Almanach : 25 centimes

DÉPOTS :

AUX BUREAUX DU *PÈRE PEINARD*, 4 *bis*, RUE D'ORSEL, PARIS
Paris — 11, Rue du Croissant — Paris
En vente chez tous les Dépositaires du *Père Peinard*
et aux Bibliothèques des gares.

RUMINADES SUR LE CALENDRIER

CE QU'IL EST, CE QU'IL DOIT ÊTRE

On appelle *Calendrier* le découpage et l'étiquetage des morceaux de temps. C'est grâce à ce classement que nous nous retrouvons dans le dévidage de l'existence.

Sans calendrier nous ne serions bougrement pas à la noce : on vivoterait à l'aveuglette, kif-kif les animaux. Les amoureux y trouveraient un sacré cheveu, car, pour se donner des rendez-vous six semaines d'avance, ce serait un aria de cinq cent mille diables.

Dès que la jugeotte a germé dans la citrouille des humains, ils ont levé le nez en l'air. Et c'est en reluquant les galipètes que semblent faire dans le ciel, la lune, le soleil et les étoiles, qu'ils ont dégotté le calendrier.

C'est ce qui prouve que *bâiller à la lune* n'est pas toujours inutile.

Turellement, les premiers calendriers furent tocards. Y en eut même de tellement irréguliers, qu'au bout de quelques douzaines d'années, les populos tombaient des nues en voyant l'hiver montrer sa trogne glaciale en pleins mois d'été.

Mince d'embrouillis !

Les populos de ce temps-là avaient beau écarquiller leurs quinquets, ils ne comprenaient goutte au mécanisme astronomique. Ils se figuraient que la terre était plate comme une limande et occupait le mitan de l'espace. Pour eux, le soleil et la lune n'avaient été accrochés à la voûte bleue que pour nous chauffer les abattis; quant aux étoiles, c'était des clous dorés rivés dans une calotte de cristal.

Ces idées biscornues furent en vogue jusqu'à l'invention du marteau à bomber les verres de lunettes.

Du coup, grâce au télescope, toutes les vieilles balourdises furent foutues au rancard. Y a seulement trois cents ans, que Galilée dépiota tout ça et prouva que la terre, au lieu de faire le pied de grue au milieu de l'univers, tourne autour du soleil. A ce propos, les curés lui firent mille misères : ils l'auraient grillé tout vivant si le pauvre vieux n'avait pas faibli et renié sa découverte.

Tous les ratichons du monde ne peuvent rien contre la vérité : la découverte de Galilée a été confirmée et aujourd'hui nous savons que la terre tourne. Elle fait une pirouette sur elle-même, — c'est un *jour*; en même temps elle tourne autour du soleil, — la durée qu'elle met à faire ce grand tour, c'est l'*année*.

Pour se faire une idée du truc, y a qu'à regarder une toupie tournailler: elle vire sur elle-même tout en décrivant une courbe.

—o—

Actuellement, le jour est divisé en vingt-quatre heures que nous comptons par deux séries de douze, de midi à minuit. Les heures sont divisées en 60 minutes et les minutes en 60 secondes.

Cette division est rudement mal commode, on la subit pourtant, par routine et manque d'initiative. Y a personne à qui il n'est arrivé, au moins vingt fois dans sa vie, de subir des désagréments ou de se tromper, grâce aux qualificatifs qu'il faut employer : *après-midi*, *matin*, *soir*.

Faut changer ça, foutre !

Déjà, les Italiens ont fait un progrès

dans ce sens : au lieu de couper les jours en deux séries de douze heures, ils comptent de un à vingt-quatre.

Mais, y a mieux à faire : la division logique du jour doit suivre le système de numération décimale. On aurait donc dix heures par jour, chacune de cent minutes, chaque minute de cent secondes, etc.

Il faut en outre se ficher d'accord sur la fixation du point de départ. Autrefois, chaque patelin marquait son heure d'après l'horloge de sa capitale. Depuis deux ou trois ans, les pays de l'Occident, (la France exceptée), se basent sur la nature : tous ceux qui se trouvent sur une même ligne, allant du nord au sud, ont la même heure ; (on a baptisé ce truc *le système des fuseaux*.)

Avec cette binaise, l'Angleterre et l'Espagne ont la même heure. La Suède-Norwège, l'Allemagne, l'Autriche et l'Italie adoptent la même horloge qui est juste en avance d'une heure sur Londres. La Russie et la Turquie sont de deux heures en avance ; enfin l'Australie est de neuf heures en avance sur Londres.

—o—

L'année n'est pas farcie d'un compte rond de jours, il s'en faut d'un peu moins d'un quart : 365 jours et un quart de jour. Dans nos calendriers on la compte à 365, et tous les quatre ans on se paie une année bissextile de 366 jours.

Quoique ça, l'année n'est pas en plein équilibrée : dans le calendrier crétin, qui est celui que les grosses légumes nous imposent, faut flanquer à bas, trois jours tous les 400 ans.

Un truc plus mariole consiste à retarder la huitième intercalation bissextile d'un an. Au lieu de fourrer un 366e jour à la 32e année, on ne le colle qu'à la 33e. Et on recommence la ritournelle de 33 ans, en 33 ans, sans que jamais il en résulte une erreur d'un jour.

Autre chose. S'il fallait compter les jours à queue leu-leu, d'un bout de l'année à l'autre, ça serait un imbroglio fara-

mineux. Pour éviter ça, on a découpé l'année en douze tranches : ce sont les *mois*.

Dans le calendrier crétin, les mois ont une durée qui varie de 28 à 31 jours. C'est idiot et ça ne rime à rien.

Cette gnolerie nous vient des Romains. Ainsi, février n'a que 28 jours parce que ces andouilles-là se figuraient que ce mois est farci de malheurs. Or donc, ils ont rogné sa longueur, afin de réduire un tantinet les mistoufles qu'ils craignaient.

Quant aux noms des mois, ils sont encore un héritage des Romains, aussi bécasse que le reste. Les uns rappellent des dieux payens, tel *Mars*. Le jean-foutre Mars jouait dans le ciel de Jupiter le sale métier de ministre de la guerre. D'autres noms indiquent leur rang dans la file : *Octobre* veut dire huit, *Décembre*, dix On les a conservés avec bougrement de soin, parce qu'aujourd'hui octobre est le dixième mois et décembre le douzième.

Hein, voila qui donne une riche idée de la trouducuterie de nos dirigeants !

Et ce n'est pas tout, cré pétard. D'un bout à l'autre, ce sacré calendrier est farci d'imbécillités.

Ainsi, les mois sont divisés en semaines de sept jours. Pourquoi sept jours ? Parce que, au dire des abrutisseurs, le père des mouches mit six jours à créer le monde, et battit sa flemme le septième.

Les noms des jours sont du même tonneau que ceux des mois : c'est encore chez les Romains qu'on les a pigés, et ils glorifient l'esclavage du populo. Ainsi, *dimanche* signifie le *jour du seigneur*, autrement dit le *jour du patron*.

C'est même en manière de protestation contre ce sale fourbi, que les prolos ont pris la chouette habitude de flânocher le lundi, pour faire la nique à leurs exploiteurs.

La dernière loufoquerie de ce calendrier idiot, c'est son point de départ : le 1er *janvier* !

Pourquoi ce jour-là, plutôt qu'un autre ? Pourquoi le 1er janvier, plutôt que le 2 ou le 3 ? On n'a jamais su !

Il est compréhensible qu'on prenne pour premier jalon de l'année, soit l'entrée du printemps ou l'entrée de l'automne, ou bien encore le moment où, de notre couchta (du côté de l'hémisphère nord), les jours se mettent à rallonger, c'est-à-dire au 1er nivôse (15 décembre 94). Mais choisir le 1er janvier, c'est fou ! y a même pas un semblant de raison...

Eh là, foutre de foutre ! Voici que je bafouille :

S'il n'y a pas de raison logique pour conserver le calendrier, tel qu'il est, y en a une plus forte que toutes : notre asservissement aux prêtres, aux patrons, aux gouvernants, n'est pas fait de grosses chaînes cadenassées, mais bien de milliers de ficelles qui, prises à part. semblent tout plein fragiles, et qui, réunies en faisceau, sont bougrement terribles a briser. Le calendrier crétin est une de ces ficelles, — aussi, mille marmites, on nous le fourre !

—o—

Il s'agit donc de dégotter un calendrier d'où le maboulisme sera exclu.

Mais foutre, qui donc va accoucher de la chose, prendre une telle initiative, la faire accepter ?

Y a là un sacré cheveu !... Heureusement y a mèche de tourner la difficulté : le *Calendrier de la Convention* est là pour un coup, le populo peut le faire sien, — il n'est pas défraîchi. S'il n'a pas toutes les qualités, du moins il en a bougrement.

L'année, de 365 ou 366 jours, y est divisée en douze mois de trente jours, — total 360. Restent donc, en dehors des mois, cinq ou six jours qui complètent l'année : ce sont les *Sans-Culottides*.

Le mois est coupé en trois tranches de dix jours, dont l'énumération se fait en latin de cuisine, en comptant de un à dix : *primidi, décadi*. Avec cette binaise, la semaine aurait dix jours au lieu de sept. Merci, on sort d'en prendre ! Turbiner neuf jours d'afilée, on n'en pince pas : c'est déjà trop de faire six jours. Dans

cette division en *décades*, le bout de l'oreille bourgeoise des conventionnels perce rudement : ils voulaient que le populo trime dur.

Bast, y a mèche de tourner la difficulté : au lieu de flânocher le décadi seul, on se reposera aussi le quintidi, — le cinquième et le dixième jour de la décade. La semaine sera donc de cinq jours. Chouette suiffard !

Les noms des mois, pigés dans les saisons, les récoltes, sont tout plein galbeux. Les grincheux ont trouvé à redire que leurs noms ne peuvent s'appliquer que chez nous. S'il n'y a que ça, c'est bébête ! Si d'autres patelins veulent concorder avec, et que *vendémiaire* ne rime à rien chez eux, ils numéroteront les mois par des chiffres : premier mois, deuxième mois... Et le tour sera joué ! Quéque chose de kif-kif se fait déjà dans le commerce, au lieu d'écrire janvier, on écrit « 1er mois. »

La kyrielle marloupière des saints et saintes est remplacée par des noms de légumes ou de bricoles usuelles, tirés de la nature. Le quintidi est marqué par un nom d'animal, le décadi par un engin ou un ustensile en rapport avec la saison.

Quant au point de départ, il est logique : l'année commence au premier jour d'automne.

Pendant une dizaine d'années, de 1794 à 1804, on usa de ce chouette calendrier, et on s'en trouva bien, mille bombes !

Ça ne faisait pas la balle de Bonaparte. Le grand bandit voulant serrer fortement la vis au populo, rétablit tout ce qu'il put de l'ancien régime. Turellement, les ratichons furent remis en place, et comme leur garce de religion ne pouvait pas faire bon ménage avec les *décades*, le calendrier esclave nous fut à nouveau collé sur le râble.

Depuis lors, nous le subissons avec ses gnoleries canulatoires.

Nom de dieu, faudrait pourtant bien le foutre au rancard !

C'est évidemment pas une chose commode, tant que la maudite société actuelle nous tiendra sous sa coupe.

Mais, si on ne peut y arriver illico, on peut au moins préparer le terrain, de sorte que quand la Sociale battra son plein, se soit sans grands mic-macs qu'on se dépètre des vieil'es habitudes.

Pour cela m'est avis qu'il n'est pas mauvais de connaître dès maintenant un calendrier potable et d'apprendre aux gosses à calculer avec.

C'est dans cette intention que je colle sous le pif des bons bougres le calendrier civil.

Prédictionnements généraux pour l'An 102

Maintenant que j'ai dégoisé aux bons bougres mon petit flanche sur la kyrielle d'années, qui, depuis des siècles et des siècles, se poussent au cul l'une de l'autre, parlons de celle qui nous montre sa poire :

Cette année-ci, les riches boufferont mieux que les pauvres, et les bien portants seront plus dégourdis que les malades. Les boiteux clocheront du pied, et les manchots n'auront qu'une main. Les vélocipèdes navigueront sur les routes et les poissons dans l'eau. Sa Jean-Foutrerie Carnot sera plus pommadé qu'un bâton de cosmétique ; sa femme fera des yeux en coulisse à la « Rose d'O. » et elle éternuera, parce que le pape la lui collera sous le blair avec du poivre dedans. Pour ce qui est des dépotés, ils continueront à voyager à l'œil, empocheront des chèques, et foutront en chantier une loi sur le scrutin de liste, en place de celui d'arrondissement. Les patrons écorcheront les prolos et les contre-coups les moucharderont. Les proprios seront rapias et les pipelets grincheux.

Par contre on n'aura jamais tant vu de déménagements à la cloche, et il pleuvra des beignes sur la hure d'un tas de salauds.

Des chiées de pauvres bougres, honteux de leur misère, piqueront des soleils,

Tandis que des tripotées de filous de la haute feront des trous à la lune.

Quant aux rapports que les bons bougres auront avec les planètes, ils seront très nets : les bouffe-galette, les marlous, les ministres, les pique-assiette, ratisseront tout le frichti, et quand les plats arriveront sous le blair du populo, (ça sera comme aux banquets russes) il se tapera, et verra les *plats nets.*

Pour ce qui est des comètes on les remuera à la pelle ! nom de dieu ! Ce sera au point qu'il n'y aura pas mèche de calculer ceux qui les fileront.

Numérotage des abattis de l'an 102

Ceci dit, épluchons la nouvelle année : avec le calendrier civil, la cent deuxième, a commencée au premier jour d'automne, c'est-à-dire le 22 septembre 1893, — et elle durera jusqu'au premier jour de l'automne prochain, qui tombera le 23 septembre 1894. Ce qui fait qu'elle va être de 366 jours, tandis que l'année crétine de 1894, se contentera de 365.

Comme à l'heure actuelle, nous nous sommes déjà appuyés les premiers mois de l'an 102, je vais en dire simplement deux mots à la va vite, et je n'alignerai l'énumération des mois qu'à partir du 1er Nivôse, qui est de quelques jours en avance sur l'idiot premier janvier actuel :

Commencé le 22 septembre 1893, *Vendémiaire* va jusqu'au 21 octobre.

Brumaire part du 22 octobre et finit le 20 novembre.

Frimaire se met en route le 21 novembre et boucle sa lourde le 20 décembre.

Avec *Nivôse* nous sommes presque à la Noël des crétins ; sur ce, les bons bougres, tournez la page !

Nivôse — An 102

(Du 21 Décembre 1893 au 19 Janvier 1894)

SIGNE DU ZODIAQUE

Le Capricorne

lever	coucher				
h. m.	h. m.				
7 53	4 04	1	Primidi	Tourbe	Jeudi 21 *déc.* 93
7 53	4 04	2	Duodi	Houille	Vend. 22 —
7 54	4 05	3	Tridi	Bitume	Sam. 23 —
7 54	4 05	4	Quartidi	Soufre	*Dim. 24 décemb.*
7 55	4 06	5	*Quintidi*	*Chien*	Lundi 25 —
7 55	4 06	6	Sextidi	Lave	Mardi 26 —
7 55	4 07	7	Septidi	Terre végétale	Merc. 27 —
7 56	4 08	8	Octidi	Fumier	Jeudi 28 —
7 56	4 09	9	Nonidi	Salpêtre	Vend. 29 —
7 56	4 10	10	*Décadi*	*Fléau*	Sam. 30 —
7 56	4 11	11	Primidi	Granit	*Dim. 31 décemb.*
7 56	4 12	12	Duodi	Argile	**LUNDI 1er JANVIER 94**
7 56	4 13	13	Tridi	Ardoise	Mardi 2 —
7 56	4 14	14	Quartidi	Grès	Merc. 3 —
7 56	4 15	15	*Quintidi*	*Lapin*	Jeudi 4 —
7 55	4 16	16	Sextidi	Silex	Vend. 5 —
7 55	4 17	17	Septidi	Marne	Sam. 6 —
7 55	4 19	18	Octidi	Pierre à chaux	*Dim. 7 janvier*
7 55	4 20	19	Nonidi	Marbre	Lundi 8 —
7 54	4 21	20	*Décadi*	*Van*	Mardi 9 —
7 54	4 22	21	Primidi	Pierre à plâtre	Merc. 10 —
7 53	4 24	22	Duodi	Sel	Jeudi 11 —
7 53	4 25	23	Tridi	Fer	Vend. 12 —
7 52	4 26	24	Quartidi	Cuivre	Sam. 13 —
7 51	4 28	25	*Quintidi*	*Chat*	*Dim. 14 janvier*
7 51	4 29	26	Sextidi	Étain	Lundi 15 —
7 50	4 31	27	Septidi	Plomb	Mardi 16 —
7 49	4 32	28	Octidi	Zinc	Merc. 17 —
7 48	4 34	29	Nonidi	Mercure	Jeudi 18 —
7 48	4 35	30	*Décadi*	*Crible*	Vend. 19 —

L'HIVER commence le 21 décembre 1893.

Pleine lune : 23 décembre, à 1 h. 46, matin.

Dernier quartier : 29 décembre, à 11 h. 37, soir.

Nouvelle lune : 7 janvier 94, à 3 h. 17 du matin.

Premier quartier : 16 janvier à 0 h. 19 du matin.

ÉPHÉMÉRIDES

Pour le nouvel an de 1885, à Leipzig, les jugeurs alboches se paient la tête des anarchos Reinsdorf et Küchler, qui avaient essayé de bombifier le tyran Guillaume.

Cette condamnation ne porta pas bonheur au policier Rumpf, qui avait joué un rôle dégueulasse dans le procès et avait précédemment fait saler des kyrielles de socialos : le 13 du même mois, il était poignardé à Francfort, par Lieske.

12 janvier 1887. — Clément Duval est condamné à mort pour avoir exproprié le palais d'une richarde et avoir fait quelques boutonnières dans la sale peau du roussin Rossignol. N'osant le racourcir, la gouvernance l'expédie à la Guyane.

17 janvier 1880. — Dynamitade du Palais d'Hiver, à Pétersbourg. Le tzar Alexandre 2 est raté.

NIVOSE

Nivôse, le mois de la neige, brouh ! Ohé, les fistons, prenez soin de votre blair : si vous ne voulez pas qu'il coule, kif-kif une fontaine Wallace, collez-lui un caleçon.

Et vous autres les niguedouilles qui, pour prendre femme, avez demandé permission au mâre ou au ratichon, tenez vos moitiés à l'œil. L'insigne du mois étant le Capricorne, les bougresses auront le diable au corps et voudront être chauffées de partout. Quoique le printemps soit encore loin, elles ne rateront pas une occase de faire pousser cornes au front de leur mari... Si celui-ci a seulement pour quat' sous de philosophie dans son sac, il se consolera, — le désagrément qui lui arrive étant preuve que sa femme est gironde.

Ce mois-là, la bise buffera ferme, coupant les visages en quatre, — tandis que le gel fendra les pierres et emboudinera les doigts des prolos.

Finaud sera, le mariole, qui fera le compte des mouches blanches voletant dans l'air. A celui-là, le père Peinard promet pour étrennes trente centimètres de ruban wilsonien.

Heureux seront les bidards qui auront pour couverte autre chose que le grand édredon qui emmaillotera la terre.

Turellement, ces sacrés bidards seront ceux qui méritent le moins cette veine. Ceux qui ne souffleront pas dans leurs doigts, parce qu'ils auront des gants et des mitaines, — qui ne battront pas la semelle, parce qu'ils auront leurs pieds de cochons bien au chaud, — ce sont les richards ! Ces birbes-là ne se plaindront pas du frio; engoncés dans leurs fourrures, ayant dans leurs caves du soleil en bouteilles, c'est-à-dire du chauffage pour se roussir à gogo leurs poils du creux de la main, ils trouveront la saison admirable.

Pour ce qui est des déchards, nom d'une pipe, ce sera une autre paire de manches : les refileurs de comète se patineront ferme pour arriver aux asiles de nuit, avant qu'on ne colle à la porte, kif-kif au cul des omnibus, le triste mot « complet! »

C'est en Nivôse que les crétins et les jean-foutre de la gouvernance font commencer leur année. Turellement, elle débute par une chiée d'hypocrisies et de menteries.

Des birbes de tout calibre s'enfarineront la gueule, pour faire des mamours à des types qu'ils ne peuvent voir en peinture.

Les fils souhaiteront à leurs vieux de vivre kif-kif Mathieu-Salé, jusqu'à 834 ans, — tandis qu'en réalité ils voudraient les voir crampser illico, afin d'hériter vivement.

Et tous feront pareillement, mille dieux : du plus gros matador au plus petit larbin, c'est à qui fera sa bouche en cul de poule, disant le contraire de ce qu'il pense.

L'année s'ouvrira donc par des mensonges. Quoi d'étonnant qu'elle se continue par mille misères, par des crimes, par des horreurs sans nom, dont sera victime le populo..., tant qu'il sera assez poire pour se laisser faire.

Pluviôse — An 102

(Du 20 Janvier au Dimanche 11 Février)

SIGNE DU ZODIAQUE

Le Verseau

LEVER ET COUCHER DU SOLEIL A PARIS					
lever	coucher				
h. m.	h. m.				
7 47	4 37	1 Primidi	Lauréole	Sam. *20 janvier*	
7 46	4 38	2 Duodi	Mousse	*Dim. 21 janvier*	
7 45	4 40	3 Tridi	Fragen	Lundi 22	—
7 44	4 41	4 Quartidi	Perce-neige	Mardi 23	—
7 43	4 43	5 *Quintidi*	*Taureau*	Merc. 24	—
7 41	4 44	6 Sextidi	Laur-thym	Jeudi 25	—
7 40	4 46	7 Septidi	Amadouvier	Vend. 26	—
7 39	4 48	8 Octidi	Mézéréon	Sam. 27	—
7 38	4 49	9 Nonidi	Peuplier	*Dim. 28 janvier*	
7 37	4 51	10 *Décadi*	*Coignée*	Lundi 29	—
7 35	4 53	11 Primidi	Ellébore	Mardi 30	—
7 34	4 54	12 Duodi	Brocolis	Merc. 31	—
7 33	4 56	13 Tridi	Laurier	**Jeudi 1er février**	
7 31	4 57	14 Quartidi	Avelinier	Vend. 2	—
7 30	4 59	15 *Quintidi*	*Vache*	Sam. 3	—
7 28	5 1	16 Sextidi	Buis	*Dim. 4 février*	
7 27	5 2	17 Septidi	Lichen	Lundi 5	—
7 25	5 4	18 Octidi	If	Mardi 6	—
7 24	5 6	19 Nonidi	Pulmonaire	Merc. 7	—
7 22	5 7	20 *Décadi*	*Serpette*	Jeudi 8	—
7 21	5 9	21 Primidi	Thlaspi	Vend. 9	—
7 19	5 11	22 Duodi	Thymélé	Sam. 10	—
7 17	5 12	23 Tridi	Chiendent	*Dim. 11 février*	
7 16	5 14	24 Quartidi	Traînasse	Lundi 12	—
7 14	5 16	25 *Quintidi*	*Lièvre*	Mardi 13	—
7 12	5 17	26 Sextidi	Guède	Merc. 14	—
7 11	5 19	27 Septidi	Noisetier	Jeudi 15	—
7 9	5 21	28 Octidi	Cyclamen	Vend. 16	—
7 7	5 22	29 Nonidi	Chélidoine	Sam. 17	—
7 6	5 24	30 *Décadi*	*Traineau*	*Dim. 18 février*	

Pleine lune : 21 janvier, à 3 h. 19 du soir.
Dernier quartier : 28 janvier, à 5 h. du soir.
Nouvelle lune : 5 février, a 9 h. 55 du soir.
Premier quartier : à 9 h. 55 du soir.

ÉPHÉMÉRID'

28 janvier 1883. — Fin du procès des anarchos de Lyon; sur 66 accusés y eut 61 condamnations. Les plus fortes, celles de Kropotkine, E. Gauthier, Bordat, Bernard, Ricard, Martin, montèrent à 4 et 5 ans.

24 janvier 1884. — Pour apprendre aux roussins que tout n'est pas rose dans leur porc de métier, un de ces salauds, Bloch, est escoffié à Vienne, en Autriche, en réponse à la condamnation d'un riche gas qui tenait une imprimerie clandestine.

26 janvier 1886. — Les gueules noires de Decazeville foutent par une fenêtre le maudit Watrin. Cette exécution a donné naissance à un chouette mot: *Watrinade.*

10 février 1892. — Garrottage à Xérès de quatre gas arrêtés, vingt jours avant, dans l'insurrection anarchote des paysans qui avaient pris la ville d'assaut.

PLUVIOSE

Pluviôse,

le mois de la
flotte. S'il pleut
ferme, bons bou-
gres, ne vous en
foutez pas la tête
à l'envers; y
aura moins de
poussière par les
chemins. Ceux
qui ne geindront
pas, si ça dégou-
line comme va-
che qui pisse,
ce sont les cam-
pluchards. Pour
eux, pluie de fé-
vrier, c'est jus
de fumier. En
fait de fumier,
que je leur dise:

y a rien d'aussi bon que les carcasses de
richards et de ratichons, mises à cuire
six mois dans le trou à purin. Ça dé-
gotte tous les engrais chimiques du
monde. En effet, le jour où les culs-terreux utiliseront ces charognes, ils n'auront plus ni impôts, ni dîmes, ni rentes,
ni hypothèques, ni foutre, ni merde, à
payer, — conséquemment, aussi maigre
que soit la récolte, elle sera toujours assez grasse pour eux.

Il se peut qu'au lieu de nous verser
de l'eau à pleines coupes, pluviôse nous
amène un temps humide, brouillasseux,
avec des bourrasques de neige à la clé,
— ceux qui ne suceront pas les pissenlits par la racine m'en diront des nouvelles.

Sûrement, les purotins trop nombreux,
qui auront des ribouis à soupapes, ne
trouveront pas chouette d'avoir les pieds
à la sauce. S'ils sont malins, ils se trot-
teront à la grande cordonnerie à 12 fr. 50;

puis, une fois gantés à leurs pieds, ils se
tireront des flûtes vivement, prouvant
ainsi au marchand que sa camelotte est
extra.

Dans la deuxième décade, mardi gras
s'amènera, rudement maigre pour le populo. Les bouchers étaleront des bœufs, des
moutons, des veaux à leurs devantures:
cette carne dodue mettra l'eau à la bouche du pauvre monde et ce sera tout...
Ces tas de mangeaille iront entripailler
les bourgeois.

Un tas de jean-foutre, qui vivent dé-
guisés d'un bout de l'an à l'autre, n'auront pas à se fiche en frais, pour être en
costumes de carnaval.

Primo, c'est la frocaille: moines moi-
nillant, nonnes et nonnains, évêques,
curés, vicaires, cagots et ostrogots,.... au
total tout le paquet de la puante rati-
chonnerie.

Deuxièmo, c'est leurs copains, en jupon-
nés comme eux, les marchands d'injustice: chats-fourrés, grippe-minauds, chi-
canous, avocats-bêcheurs, et toute la vermine qui vit de leur maudit métier.

Troisièmo, c'est les militaires: les ron-
chonnot, les vieilles badernes, les culottes de peau, depuis l'adjuvache jusqu'aux généraux, tous ces massacreurs
patentés, baladant leur ferblanterie en
plein soleil, — avec beaucoup de rouge,
sur leurs frusques théâtrales, afin que
le raisinné du popalo qu'ils ne se privent
pas de faire giscler, ne fasse pas tâche
dessus.

Puis, c'est les polichinelles de la po-
litiquerie: quoique n'étant pas costu-
més ces birbes-là n'en sont pas moins
des pierrots de carnaval.

A toute cette engeance, — et à celle
que j'oublie de citer, — l'année sera
mauvaise: sera-t-elle aussi mauvaise que
le souhaite le vieux gniaff? C'est là
le grand hic!...

LEVER ET COUCHER DU SOLEIL A PARIS		Ventôse — An 102 *(Du 19 Février au Mardi 20 Mars)*		SIGNE DU ZODIAQUE **Les Poissons**
lever	cou-cher			
h. m.	h. m.			
7 3	5 26	1 Primidi	Tussilage	Lundi 19 *février*
7 2	5 27	2 Duodi	Cornouillier	Mardi 20 —
7 0	5 29	3 Tridi	Violier	Merc. 21 —
6 58	5 30	4 Quartidi	Troène	Jeudi 22 —
6 56	5 32	5 *Quintidi*	*Bouc*	Vend. 23 —
6 54	5 34	6 Sextidi	Asaret	Sam. 24 —
6 52	5 35	7 Septidi	Alaterne	*Dim.* 25 *février*
6 50	5 37	8 Octidi	Violette	Lundi 26 —
6 48	5 38	9 Nonidi	Marceau	Mardi 27 —
6 46	5 40	10 *Décadi*	*Bêche*	Merc. 28 —
6 44	5 42	11 Primidi	Narcisse	**Jeudi 1er mars**
6 42	5 43	12 Duodi	Orme	Vend. 2 —
6 40	5 45	13 Tridi	Fumeterre	Sam. 3 —
6 38	5 46	14 Quartidi	Vélard	*Dim.* 4 *mars*
6 36	5 48	15 *Quintidi*	*Chèvre*	Lundi 5 —
6 34	5 49	16 Sextidi	Épinards	Mardi 6 —
6 32	5 51	17 Septidi	Doronie	Merc. 7 —
6 30	5 53	18 Octidi	Mouron	Jeudi 8 —
6 38	5 54	19 Nonidi	Cerfeuil	Vend. 9 —
6 26	5 56	20 *Décadi*	*Cordeau*	Sam. 10 —
6 24	5 57	21 Primidi	Mandragore	*Dim.* 11 *mars*
6 22	5 59	22 Duodi	Persil	Lundi 12 —
6 20	6 0	23 Tridi	Cochléaria	Mardi 13 —
6 18	6 2	24 Quartidi	Pâquerette	Merc. 14 —
6 16	6 3	25 *Quintidi*	*Thon*	Jeudi 15 —
6 14	6 5	26 Sextidi	Pissenlit	Vend. 16 —
6 12	6 6	27 Septidi	Silvye	Sam. 17 —
6 9	6 8	28 Octidi	Capillaire	*Dim.* 18 *mars*
6 7	6 9	29 Nonidi	Frêne	Lundi 19 —
6 5	6 11	30 *Décadi*	*Plantoir*	Mardi 20 —

Pleine lune : 20 février, à 2 h. 26, matin.
Dernier quartier : 27 février, à 0 h. 38, soir.
Nouvelle lune : 7 mars, à 2 h. 28, soir.
Premier quartier : 11 mars, à 6 h. 37, soir.

9 Mars 1883 — Meeting de sans-travail à l'Esplanade des Invalos ; 20,000 manifestants s'amènent. Pour affirmer leur droit à la croustille quelques milliers de gas pillent des boulangeries, faubourg Germain.

Deux jours après, le 11, nouveau meeting, place de l'Hôtel-de-Ville. Dans une réunion à côté, Yves Guyot bave sur les anarchos et reçoit une riche tatouille.

13 Mars 1881. — Le tzar Alexandre n° 2, est enfin bombifié. Son fils lui succède ; il commence par faire assassiner une demi-douzaine de nihilistes, entre autres une jeune fille, Sophia Perowskaïa ; quant aux malheureux expédiés en Sibérie, c'est par centaines.

11 Mars 1892. — Ravachol dynamite la turne du jugeor Benoit, b¹ Germain.

18 Mars 1871. — Canulé par Thiers, le populo de Paris se révolte ; les généraux Lecomte et Cl. Thomas sont fusillés par leurs soldats.

VENTOSE

Ventôse,

aura beau faire venter le vent, il ne déracinera pas la tour Eiffel, ne rasera pas la forêt de Bondy, ne changera pas de place les rochers, ne rendra pas les poids de vingt kilos aussi légers qu'une plume d'oie, ne fera pas voleter les hippopotames et les éléphants, kif-kif les oiseaux-mouches. Par contre, les petits capels

de plus d'une gironde fille s'envoleront par-dessus les moulins, présageant la prochaine venue des hirondelles.

Les pointilleux prouveront que si les capels des jeunesses sont si batifoleurs, la faute n'en est pas au vent, mais bien à de gros bouffis à cul doré.

A ces tâtillons je répliquerai, que si les gosselines pouvaient s'attifler gentiment, s'enrubanner à leur fantasia, sans besoin de pièces de cent sous, elles ne se laisseraient pas conter fleurettes, ni chatouiller le menton, par les vieux birbes, non plus que par les singes.

Du coup, on ne verrait point par les rues et les chemins de pauvres filles bedonant du tiroir ou remorquant un môme.

Etre mère, sans permission des autorités, ne serait plus une honte !....

En ventôse, le soleil nous montrera une frimousse encore pâlotte, mais chaude quand même ; pour chasser le brouillard, le vent lui soufflera dans le nez.

Cependant, faudra pas avoir trop de confiance ! Gare aux bons bougres qui se baladeront sans pépins ! S'ils reçoivent sur le râble quelques giboulées de mars, qu'ils ne s'en prennent qu'à eux. Il est vrai que, s'ils en pincent pour l'équilibre, ils pourront, après l'arrosage extérieur des averses, s'humecter l'intérieur d'une choppe de bière de mars.

Ce mois-là, le soleil vadrouillera dans le signe des poissons : les gouvernants, les rentiers, les patrons et leurs contre-maîtres, les aristos et les feignasses, étant tous de la famille des maquerautins, seront heureux de vivre trente jours sous leur emblème.

Des bonnes bougresses, qui n'étant pas de la même parenté, non plus que de celles des canards, n'ont pas le goût de l'eau chevillé au corps, ce sont les blanchisseuses. Fatiguées de barbotter dans le liquide, sans que jamais leur battoir ou leur savon soient mordus par une baleine, elles profiteront de ce que la mi-carême s'amènera un jeudi, le 1er mars, pour s'en donner à cœur joie. Mince de chahut qu'elles se paieront ce jour là ! On pourra se croire arrivés à la semaine des quatre jeudis.

Pour ce qui est de nous, bon populo, en fait de poissons, nous continuerons à avaler des couleuvres, — et aussi à trimer pire que des galériens afin que les morues de la haute se baladent dans de riches falbalas.

Si seulement nous suivions l'exemple que nous donneront les paysans !

A ce moment, ils finiront l'échenillage des arbres, enlèveront les mousses, les lichens et autres salopises qui sucent les troncs et les branches.

Jusqu'au gui des pommiers, qui malgré sa gueule verte, ne trouvera pas grâce : ils lui couperont la chique carrément.

Germinal — An 102

(Du 21 mars au Jeudi 19 avril)

LEVER ET COUCHER DU SOLEIL A PARIS

SIGNE DU ZODIAQUE

Le Bélier

lever	coucher				
h. m.	h. m.				
6 3	6 12	1	Primidi	Primevère	Merc. 21 mars
6 1	6 14	2	Duodi	Platane	Jeudi 22 —
5 59	6 16	3	Tridi	Asperges	Vend. 23 —
5 57	6 17	4	Quartidi	Tulipe	Sam. 24 —
5 55	6 18	5	*Quintidi*	*Poule*	*Dim. 25 mars*
5 53	6 20	6	Sextidi	Blette	Lund. 26 —
5 51	6 21	7	Septidi	Bouleau	Mardi 27 —
5 48	6 23	8	Octidi	Jonquille	Merc. 28 —
5 46	6 24	9	Nonidi	Aulne	Jeudi 29 —
5 44	6 26	10	*Décadi*	*Couroir*	Vend. 30 —
5 42	6 27	11	Primidi	Pervenche	Sam. 31 —
5 40	6 28	12	Duodi	Charme	**Dimanc. 1ᵉ avril**
5 38	6 30	13	Tridi	Morille	Lundi 2 —
5 36	6 32	14	Quartidi	Hêtre	Mardi 3 —
5 34	6 33	15	*Quintidi*	*Abeille*	Mercredi 4 —
5 32	6 35	16	Sextidi	Laitue	Jeudi 5 —
5 30	6 36	17	Septidi	Mélèze	Vendredi 6 —
5 28	6 38	18	Octidi	Ciguë	Samedi 7 —
5 26	6 39	19	Nonidi	Radis	*Dimanc. 8 avril*
5 24	6 41	20	*Décadi*	*Ruche*	Lundi 9 —
5 21	6 42	21	Primidi	Gainier	Mardi 10 —
5 19	6 44	22	Duodi	Romaine	Merc. 11 —
5 17	6 45	23	Tridi	Maronnier	Jeudi 12 —
5 15	6 47	24	Quartidi	Roquette	Vendr. 13 —
5 13	6 49	25	*Quintidi*	*Pigeon*	Samedi 14 —
5 11	6 50	26	Sextidi	Lilas	*Dimanc. 15 avril*
5 10	6 51	27	Septidi	Anémone	Lundi 16 —
5 8	6 53	28	Octidi	Pensée	Mardi 17 —
5 6	6 54	29	Nonidi	Myrtile	Merc. 18 —
5 4	6 56	30	*Décadi*	*Greffoir*	Jeudi 19 —

Le **PRINTEMPS** commence le 21 mars.

Pleine lune : 21 mars, à 2 h. 21, soir.

Dernier quartier : 29 mars, à 8 h. 37, matin.

Nouvelle lune : 6 avril, à 1 h. 9 m., matin.

Premier quartier : 13 avril, à 0 h. 12, matin.

27 mars 1892. — Ravachol dynamite la carne de Balot, rue de Clichy. Le 30, il est pincé chez Véry, sur la dénonciation de Lhérot.

8 avril 1890. — A Roubaix, un prolo, Vanhamen, chassé du bagne Vanoutryve, crève la panse au directeur et se suicide après.

5 au 11 avril 1877. — Une bande d'anarchos, comprenant entre autres, Carlo Cafiero et Enrico Malatesta, tentent un soulèvement en Italie ; ils s'emparent de la ville de Bénévent, chassent les autorités, foutent le feu aux archives et distribuent au populo la braise qui moisissait dans les coffres de la gouvernance.

14 avril 1834. — Thiers fait son apprentissage de massacreur. Barricades rue Transnonain, aujourd'hui rue Beaubourg ; outre les révoltés, les habitants de la rue furent massacrés.

GERMINAL

Germinal!

Rien que le nom vous ragaillardit, nom d'une pipe! Il semble qu'on entend les nouvelles pousses crever leur coque et sortir leur nez vert hors de terre.

Ce chouette mois nous amènera le printemps, — et l'espoir des beaux jours. Rien que l'espoir, hélas!... Faudra pas trop se presser de faire la nique à l'hiver. En Germinal, y a le premier avril, et gare au poisson, foutre! Les bons amis chercheront à nous monter le job, et le frio pourra bien s'aviser encore de nous geler le pif et de semer du grésil où y a que faire.

Des croquants, assez finauds pour se mor ire les oreilles, chausseront des lunettes bleues pour foutre en déroute la lune rousse; malgré cette riche précaution, qu'ils ne s'épatent pas trop, si leurs bourgeons sont fricassés.

Pour se rattraper, ceux-là sèmeront des citrouilles. Comme s'il n'y en avait déjà pas assez d'espèces, depuis les actionnaires du Panama, jusqu'aux abouleurs des emprunts Russes.

Les vaches s'en iront aux prés, et quoique bouffant de la verdure, elles continueront à fienter noir.

Des vaches qui, pour n'avoir que deux pattes, mériteront rudement qu'on les envoie paitre, ce sont les proprios. En Germinal, de même qu'à chaque renouvellement de saison, leur fête tombera sur la gueule des parigots.

Qué tristesse, cette maudite fête!

Certes, les déménageurs à la cloche de bois ne chômeront pas, et les bouilles auront un turbin du diable pour rapetasser les bouts des grolons, usés à botter le cul des vautours.

Ça ne ronflera pourtant pas suffisamment. A preuve, que beaucoup de désespérés ne trouveront pas d'autre moyen de se dépêtrer de leur vampire qu'en allumant un réchaud de charbon.

Et Germinal mentira à son nom: au lieu de faire pousser la vie, il aura fait germer la mort!

Floréal — An 102

(Du 20 Avril au Samedi 19 Mai)

SIGNE DU ZODIAQUE

Le Taureau

LEVER ET COUCHER DU SOLEIL A PARIS					
lever	coucher				
h. m.	h. m.				
5 2	6 57	1	Primidi	Rose	Vend. 20 *avril*
5 »	6 58	2	Duodi	Chêne	Sam. 21 —
4 58	7 »	3	Tridi	Fougère	*Dim. 22 avril*
4 56	7 1	4	Quartidi	Aubépine	Lundi 23 —
4 54	7 3	5	*Quintidi*	*Rossignol*	Mardi 24 —
4 52	7 4	6	Sextidi	Ancolie	Merc. 25 —
4 51	7 6	7	Septidi	Muguet	Jeudi 26 —
4 49	7 7	8	Octidi	Champignon	Vend. 27 —
4 47	7 9	9	Nonidi	Hyacinthe	Sam. 28 —
4 45	7 10	10	*Décadi*	*Rateau*	*Dim. 29 avril*
4 44	7 11	11	Primidi	Rhubarbe	Lundi 30 —
4 42	7 13	12	Duodi	Sainfoin	**Mardi 1ᵉʳ mai**
4 40	7 15	13	Tridi	Bouton d'or	Merc. 2 —
4 38	7 16	14	Quartidi	Chamérisier	Jeudi 3 —
4 37	7 17	15	*Quintidi*	*Ver à soie*	Vend. 4 —
4 35	7 19	16	Sextidi	Consoude	Sam. 5 —
4 34	7 20	17	Septidi	Pimprenelle	*Dim. 6 mai*
4 32	7 22	18	Octidi	Corbeille d'or	Lundi 7 —
4 31	7 23	19	Nonidi	Arroche	Mardi 8 —
4 29	7 24	20	*Décadi*	*Sarcloir*	Merc. 9 —
4 28	7 26	21	Primidi	Statice	Jeudi 10 —
4 26	7 27	22	Duodi	Fritillaire	Vend. 11 —
4 25	7 29	23	Tridi	Bourrache	Sam. 12 —
4 23	7 30	24	Quartidi	Valériane	*Dim. 13 mai*
4 22	7 31	25	*Quintidi*	*Carpe*	Lundi 14 —
4 21	7 33	26	Sextidi	Fusain	Mardi 15 —
4 19	7 34	27	Septidi	Civette	Merc. 16 —
4 18	7 35	28	Octidi	Buglose	Jeudi 17 —
4 17	7 36	29	Nonidi	Sénevé	Vend. 18 —
4 16	7 38	30	*Décadi*	*Houlette*	Sam. 19 —

Pleine lune : 20 avril, à 3 h. 11, matin.
Dernier quartier : 28 avril, à 3 h. 30, matin.
Nouvelle lune : 5 mai, à 2 h. 51, soir.
Premier quartier : 12 mai, à 6 h. 30, matin.
Pleine lune : 19 mai, à 1 h. 52, soir.

ÉPHÉMÉRIDES

21 avril 1890. — Enterrement du justicier Vanhamen; 20,000 prolos roubaisiens y assistent : bagarres avec la rousse.

22 avril 1892. — Râfles d'anarchos sur toute la France, en prévision du procès de Ravachol et du 1ᵉʳ Mai. L'âne bâté ministériel, le Loup-Bête, rassure les bouffe-galette : « Roupillez en paix, tous les anarchos sont au ballon. » Le soir du 26, le restaurant Véry sautait comme une merde, d'où un nouveau mot : *véryfication.*

1ᵉʳ mai 1886. — Première tentative de grève générale à Chicago; le 3, des roussins ayant provoqué le populo, une bombe éclate entre leurs pattes : 4 sont tués, 12 blessés.

1ᵉʳ mai 1891. — Massacre de prolos à Fourmies; à Clichy, bataille entre les anarchos et la rousse.

FLORÉAL

loréal
onne la
uche; tout
à la joie :
eurs font
e au soleil
laintenant
eine tiède.
oiseaux
hent fem-
aisant des
urs aux fe-
s, et se fi-
, en ména-
uns béné-
m du maire
l curé.
sang, avec
mps pareil,
pulo de-
être aussi
ux que les bestioles qui, sans sou-
hent la rosée du matin.
l'en sera rien, foutre !
ici que les ratichons vont sortir de
usines à prières, se baladant à
rs champs, et un pinceau en main,
geant d'eau sale les récoltes en
. C'est les rogations ! Quand la fro-
rapliquera, les oiseaux se cache-
les bestioles tairont leur bec, les
ttes cligneront leur œil. Comment
pulo pourrait-il être heureux tant
endurera des horreurs pareilles ?
plus qu'aux paysans, Floréal
nera pas la joie aux prolos des
: c'est à peine s'ils verront fleurir
ssenlits.
is voici qu'un matin les usines s'ar-
ont de cracher du noir et on relu-
le bleu du ciel, débarbouillé de
e.
y aura-t-il donc d'épastrouillant ?
qu'il y aura ? C'est que le 1er Mai

fera risette au populo. Et sans qu'on sache trop comment, un vent de rebiffe soufflera de partout.

Ce riche trimballement foutra la trouille aux richards : les pots-de-chambre, les goguenots, les tinettes renchériront.

Pour parer à tous ces avaros, la gouvernance nous turlupinera avec des élections. Il s'agira, en province, de renouveler les collections municipales.

Un tas de bougres qui, sans ce dada, n'auraient songé qu'à étripailler les richards, feront des yeux de merlans frits aux Volières : ils nous serineront que la conquête des municipalités est un truc galbeux.

A cela, les paysans pourront répondre que c'est de la couille en bâtons ; pour ce qui les regarde, y a une quinzaine d'années qu'ils ont fait cette garce de conquête et ils n'en sont pas plus bidards pour ça. Aujourd'hui, dans les campluches, les conseillers cipaux sont tous des bons bougres : les richards leur ont laissé cet os sans moelle à ronger.

Pour ne rien entendre de ce raisonnement, les conquétards colleront six kilos de ouate dans leurs plats à barbe. Ils auront leur plan, kif-kif Trochu ! S'ils en pincent tant que ça pour se percher dans les Volières, c'est qu'ils voient plus loin : c'est un grade ! Une fois accrochés là, y a mèche de grimper plus haut, de devenir bouffe-galette pour de vrai.

Les fistons à la redresse ne couperont pas dans un pareil pont : pour voter, ils iront s'affaler derrière une haie. Là, ils s'accroupiront, prendront leurs aises et poseront une belle pêche sur le nez des fleurs ; puis, sortant leur bulletin de vote, ils s'en torcheront proprement.

Et les baladeurs qui passeront sous le vent, en prenant plus avec leur tube qu'avec une pelle, concilueront : « Décidément, Floréal fleure pas bon ! »

<table>
<tr><th colspan="2">LEVER
ET
COUCHER
DU
SOLEIL
A PARIS</th><th colspan="3" rowspan="2">Prairial — An 102

(Du 20 Mai au Lundi 18 Juin)</th><th>SIGNE DU ZODIAQUE

Les Gémeaux</th></tr>
<tr><th>lever</th><th>cou-
cher</th></tr>
<tr><th>h. m.</th><th>h. m.</th><th></th><th></th><th></th><th></th></tr>
<tr><td>4 14</td><td>7 39</td><td>1 Primidi</td><td>Luzerne</td><td>Dim. 20 mai</td><td rowspan="8">Dernier quartier : 27 mai, à 8 h. 14, soir.
Nouvelle lune : 3 juin, à 11 h. 6, soir.
Premier quartier : 10 juin, à 1 h. 24, soir.
Pleine lune : 18 juin, à 7 h. 16, matin.</td></tr>
<tr><td>4 13</td><td>7 40</td><td>2 Duodi</td><td>Hémérocale</td><td>Lundi 21 —</td></tr>
<tr><td>4 12</td><td>7 42</td><td>3 Tridi</td><td>Trèfle</td><td>Mardi 22 —</td></tr>
<tr><td>4 11</td><td>7 43</td><td>4 Quartidi</td><td>Angélique</td><td>Merc. 23 —</td></tr>
<tr><td>4 10</td><td>7 44</td><td>5 Quintidi</td><td>Canard</td><td>Jeudi 24 —</td></tr>
<tr><td>4 9</td><td>7 45</td><td>6 Sextidi</td><td>Mélisse</td><td>Vend. 25 —</td></tr>
<tr><td>4 8</td><td>7 46</td><td>7 Septidi</td><td>Fromental</td><td>Sam. 26 —</td></tr>
<tr><td>4 7</td><td>7 47</td><td>8 Octidi</td><td>Martagon</td><td>Dim. 27 mai</td></tr>
<tr><td>4 6</td><td>7 48</td><td>9 Nonidi</td><td>Serpolet</td><td>Lundi 28 —</td><td rowspan="22">21 au 28 mai 1871. — Les Versaillais s'emparent de Paris et le foutent à feu et à sang; c'est la SEMAINE SANGLANTE.
24 mai 1885. — A la manifestance annuelle au Père-Lachaise, bataille entre le populo et la rousse ; charges à la baïonnette dans le cimetière; charges de cavalerie en dehors. Y a 40 blessés et 60 arrestations.
27 mai 1888. — Encore au Père-Lachaise : l'anarcho Lucas tire un coup de revolver sur le blanquo-boulangeard Rouillon qui voulait salir le mur avec la couronne de l'Intransigeant, alors cul et chemise avec Boulanger, fusilleur de 1871.
29 mai 1890. — Pour lécher le cul au tzar, la R. F. entoile, à Paris, une quinzaine de nihilistes, inculpés de fabrication de bombes; les papiers qu'elle barbotte sont communiqués à la Russie pour faire chopper d'autres gas, là-bas.</td></tr>
<tr><td>4 5</td><td>7 49</td><td>10 Décadi</td><td>Faulx</td><td>Mardi 29 —</td></tr>
<tr><td>4 5</td><td>7 50</td><td>11 Primidi</td><td>Fraise</td><td>Merc. 30 —</td></tr>
<tr><td>4 4</td><td>7 51</td><td>12 Duodi</td><td>Bétoine</td><td>Jeudi 31 —</td></tr>
<tr><td>4 3</td><td>7 52</td><td>13 Tridi</td><td>Pois</td><td>Vend. 1er juin</td></tr>
<tr><td>4 2</td><td>7 53</td><td>14 Quartidi</td><td>Acacia</td><td>Sam. 2 —</td></tr>
<tr><td>4 2</td><td>7 54</td><td>15 Quintidi</td><td>Caille</td><td>Dim. 3 juin</td></tr>
<tr><td>4 1</td><td>7 55</td><td>16 Sextidi</td><td>Œillet</td><td>Lundi 4 —</td></tr>
<tr><td>4 1</td><td>7 56</td><td>17 Septidi</td><td>Sureau</td><td>Mardi 5 —</td></tr>
<tr><td>4 0</td><td>7 57</td><td>18 Octidi</td><td>Pavot</td><td>Merc. 6 —</td></tr>
<tr><td>4 0</td><td>7 58</td><td>19 Nonidi</td><td>Tilleul</td><td>Jeudi 7 —</td></tr>
<tr><td>3 59</td><td>7 58</td><td>20 Décadi</td><td>Fourche</td><td>Vend. 8 —</td></tr>
<tr><td>3 59</td><td>7 59</td><td>21 Primidi</td><td>Barbeau</td><td>Sam. 9 —</td></tr>
<tr><td>3 59</td><td>8 0</td><td>22 Duodi</td><td>Camomille</td><td>Dim. 10 juin</td></tr>
<tr><td>3 58</td><td>8 1</td><td>23 Tridi</td><td>Chèvrefeuille</td><td>Lundi 11 —</td></tr>
<tr><td>3 58</td><td>8 1</td><td>24 Quartidi</td><td>Caille-lait</td><td>Mardi 12 —</td></tr>
<tr><td>3 58</td><td>8 2</td><td>25 Quintidi</td><td>Tanche</td><td>Merc. 13 —</td></tr>
<tr><td>3 58</td><td>8 2</td><td>26 Sextidi</td><td>Jasmin</td><td>Jeudi 14 —</td></tr>
<tr><td>3 58</td><td>8 3</td><td>27 Septidi</td><td>Verveine</td><td>Vend. 15 —</td></tr>
<tr><td>3 58</td><td>8 3</td><td>28 Octidi</td><td>Thym</td><td>Sam. 16 —</td></tr>
<tr><td>3 58</td><td>8 4</td><td>29 Nonidi</td><td>Pivoine</td><td>Dim. 17 juin</td></tr>
<tr><td>3 58</td><td>8 4</td><td>30 Décadi</td><td>Chariot</td><td>Lundi 18 —</td></tr>
</table>

PRAIRIAL

Prairial

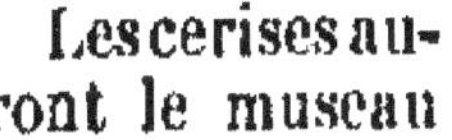

foutra à tous des fourmis dans les pattes. Les plus casaniers auront des envies folles d'aller plumarder dans les prés et les garde-champêtre braille-ront comme des pies borgnes en découvrant dans les grandes herbes la bête à deux dos, qui abondera bou-grement ce mois-là.

Les cerises au-ront le museau rouge et le noyau en dedans; les dindon-neaux sortiront de leur coquille pour n'y plus rentrer; on ne ramera pas encore les choux; par contre, la carotte commen-cera à donner ferme. Il y a une foulti-tude de variétés dans cette légume! Sur l'une d'elles, le tabac-carotte, la gouver-nance continuera à nous carotter dans les grands prix.

Les culs-terreux se foutront perru-quiers : ils feront la barbe à leurs prés et raseront la laine de leurs moutons.

Pour ce qui est d'eux-mêmes, ils n'au-ront pas attendu Prairial pour se faire tondre : c'est du premier de l'an à la syl-vestre, qu'ils seront plumés par les mes-sieurs de la ville, les recruteurs d'impôt, les feignasses de tout calibre.

Avec Prairial s'amènera la saison des villégiatures : les richards s'en iront soiffer des eaux dans les trous chouet-tes ou nettoyer leur sale peau aux bains de mer.

En fait de bains, ils n'en méritent qu'un, ces chameaux-là : un plongeon dans les égouts! Ça leur pend au nez.

D'ici là, ils jouiront de leurs restes, usant nos chandelles par les deux bouts.

En même temps qu'eux, les trimar-deurs, baluchon sur l'épaule, se foutront carrément en campagne.

Chacun se met au vert selon ses moyens. Ceux-ci, n'ayant pas la pro-fonde farcie de pépettes, n'auront pas la veine d'aller se pavaner dans les en-droits chiques. Pour ce qui est de se faire charrier par la vache noire, ce sera aussi comme des dattes : ils s'embarque-ront sur le train onze. De cette manière, ils pourront, tous les kilomètres, faire une croix sur les bornes des chemins.

Prenant le temps comme il viendra, ils éviteront les grands arbres quand y aura de l'orage à la clé, ils se tasseront sous les buissons lorsqu'il pleuvra, et se foutront le ventre à l'ombre quand le soleil tapera trop dur sur les cocardes.

Là où ils arriveront, ce sera le bon!

Quoiqu'ils aient l'air de ne pas crain-dre le travail fait, ils n'auront pas un trop grand poil dans la main : c'est avec nerf que, pour la fenaison ou autres bri-coles, ils donneront un coup d'épaule aux paysans.

Outre ça, pendant les maigriotes colla-tions, soit dans les granges ou l'on plu-marde tous en chœur, ils jaspineront de l'espoir du populo. Dans le siphon des plus bouchés, ils colleront une idée de révolte : ça ne tombera pas en mauvaise terre! Laissez faire, et que vienne le temps du grabuge : les culs-terreux ne seront pas les derniers à se rebiffer, — on a beau leur seriner que la révolution de 89 leur a donné la terre, ils n'ont pas assez de bouze de vache dans les mirettes pour ne pas voir que la bonne terre est acca-parée par les richards et les jésuites,

<table>
<tr><td colspan="2">LEVER
ET
COUCHER
DU
SOLEIL
A PARIS</td><td colspan="3"># Messidor — An 102

(Du 19 Juin au Mercredi 18 juillet)</td><td>SIGNE DU ZODIAQUE

L'Ecrevisse</td></tr>
</table>

lever	coucher				
h. m.	h. m.				
3 58	8 4	1	Primidi	Seigle	Mardi 19 *juin*
3 58	8 5	2	Duodi	Avoine	Merc. 20 —
3 58	8 5	3	Tridi	Oignon	Jeudi 21 —
3 58	8 5	4	Quartidi	Véronique	Vend. 22 —
3 59	8 5	5	*Quintidi*	*Mulet*	Sam. 23 —
3 59	8 5	6	Sextidi	Romarin	*Dim. 24 juin*
3 59	8 5	7	Septidi	Concombre	Lundi 25 —
4 0	8 5	8	Octidi	Echalotte	Mardi 26 —
4 0	8 5	9	Nonidi	Absinthe	Merc. 27 —
4 1	8 5	10	*Décadi*	*Faucille*	Jeudi 28 —
4 1	8 5	11	Primidi	Coriandre	Vend. 29 —
4 2	8 5	12	Duodi	Artichaut	Sam. 30 —
4 2	8 5	13	Tridi	Giroflée	**Dim. 1er juillet**
4 3	8 4	14	Quartidi	Lavande	Lundi 2 —
4 4	8 4	15	*Quintidi*	*Chamois*	Mardi 3 —
4 4	8 4	16	Sextidi	Tabac	Merc. 4 —
4 5	8 3	17	Septidi	Groseille	Jeudi 5 —
4 6	8 3	18	Octidi	Gesse	Vend. 6 —
4 6	8 2	19	Nonidi	Cerise	Sam. 7 —
4 7	8 2	20	*Décadi*	*Parc*	*Dim. 8 juillet*
4 8	8 1	21	Primidi	Menthe	Lundi 9 —
4 9	8 1	22	Duodi	Cumin	Mardi 10 —
4 10	8 0	23	Tridi	Haricots	Merc. 11 —
4 11	7 59	24	Quartidi	Orcanète	Jeudi 12 —
4 12	7 58	25	*Quintidi*	*Pintade*	Vend. 13 —
4 13	7 58	26	Sextidi	Sauge	Sam. 14 —
4 14	7 57	27	Septidi	Ail	*Dim. 15 juillet*
4 15	7 56	28	Octidi	Vesce	Lundi 16 —
4 16	7 55	29	Nonidi	Blé	Mardi 17 —
4 17	7 54	30	*Décadi*	*Chalémie*	Merc. 18 —

L'ÉTÉ comm. le 21 juin.
Dernier quartier : 26 juin, à 10 h. 12, matin.
Nouvelle lune : 3 juillet, à 5 h. 55, matin.
Premier quartier : 9 juillet, à 10 h. 25, soir.
Pleine lune : 17 juillet, à 10 h. 12, soir.

ÉPHÉMÉRIDES

22 au 24 juin 1848. — Les prolos bernés par la deuxième république se révoltent en criant : « Du pain ou du plomb ! » et sont mitraillés dur et ferme.

23 juin 1883. — Louise Michel et Pouget rendus responsables du pillage des boulangeries au 9 mars, ramassent l'une six ans, l'autre huit ans de réclusion.

30 juin 1876. — Mort de Bakounine, à Berne.

11 juillet 1892. — Exécution de Ravachol.

17 juillet 1791. — Les bourgeois révolutionnaires mitraillent le populo au Champ de Mars. C'est le premier massacre depuis la prise de la Bastille... ce ne sera, hélas, pas le dernier !

14 juillet 1889. — Pour fêter la prise de la Bastille, la famille Hayem, composée de sept personnes, se suicide au bruit des feux d'artifices.

MESSIDOR

Messidor ouvrira l'été en plein; le soleil recevra tant de pailles dans l'œil que les jours en rapetisseront; par contre, les nuits tirant toute la couverte de leur côté, elles se foutront à rallonger jusqu'à la saison du boudin.

En messidor, on moissonnera, engerbera, dépiquera, — non plus à grands renforts de bras, mais avec le flon-flon des machines.

Les pauvres bougres qui s'amèneront au louage, après s'être appuyés des lieues et des lieues sur les grandes routes, feront grise mine. Trop souvent ils trouveront visage de bois : les machines leur couperont la chique! Là où, autrefois, on aurait embauché des centaines de prolos, quelques douzaines suffiront, et au lieu de durer des temps infinis, la moisson et tout le turbin qui s'en suit sera abattu en quelques jours.

Les malédictions pleuvront sur les mécaniques : les prolos montreront le poing aux moissonneuses qui, sans faire de magnes, foutront le blé en gerbes ; aux dépiqueuses qui avaleront les gerbes comme une pilule et rendront le grain tout ensaché.

Ça serait pourtant si commode de faire bon ménage! Y aurait qu'à foutre une sacrée purge aux richards : un coup qu'on aurait déblayé la terre de cette vermine, la récolte n'entrerait plus dans leurs granges et au lieu de faire concurrence au populo, les mécaniques ronfleraient à son profit.

Pour lors, on serait rupins! Les gigots ne nous passeraient plus sous le nez, on aurait sa part de pain blanc, on boirait du sec et du frais.

On perdrait jusqu'au souvenir de la Saint-Jean, cette maudite fête crétine où les prolos de la campluche s'en vont au marché, foutant leur viande aux enchères, kif-kif du bétail.

Les voilà embauchés pour six mois ou un an! Ils s'amènent à leur nouvelle étable, sans bride au cou, — c'est des animaux dociles. Et dire qu'on appelle ça se louer, pauvres de nous..., c'est se vendre, nom de dieu!

L'esclavage des temps anciens était moins dégueulasse : on était esclave par force, et non volontairement comme aujourd'hui.

Thermidor — An 102

(Du 19 Juillet au Vendredi 17 août)

LEVER ET COUCHER DU SOLEIL A PARIS

SIGNE DU ZODIAQUE

Le Lion

lever h. m.	coucher h. m.			
4 18	7 53	1 Primidi	Epeautre	Jeudi 19 *juillet*
4 19	7 52	2 Duodi	Bouillon blanc	Vend. 20 —
4 21	7 51	3 Tridi	Melon	Sam. 21 —
4 22	7 50	4 Quartidi	Ivraie	*Dim. 22 juillet*
4 23	7 49	5 *Quintidi*	*Bélier*	Lundi 23 —
4 24	7 48	6 Sextidi	Prêle	Mardi 24 —
4 25	7 46	7 Septidi	Armoise	Merc. 25 —
4 27	7 45	8 Octidi	Carthame	Jeudi 26 —
4 28	7 44	9 Nonidi	Mûres	Vend. 27 —
4 29	7 42	10 *Décadi*	*Arrosoir*	Sam. 28 —
4 30	7 41	11 Primidi	Panic	*Dim. 29 juillet*
4 32	7 40	12 Duodi	Salicor	Lundi 30 —
4 33	7 38	13 Tridi	Abricot	Mardi 31 —
4 34	7 37	14 Quartidi	Basilic	**Merc. 1er août**
4 36	7 35	15 *Quintidi*	*Brebis*	Jeudi 2 —
4 37	7 34	16 Sextidi	Guimauve	Vend. 3 —
4 38	7 32	17 Septidi	Lin	Sam. 4 —
4 40	7 31	18 Octidi	Amande	*Dim. 5 août*
4 41	7 29	19 Nonidi	Gentiane	Lundi. 6 —
4 42	7 28	20 *Décadi*	*Ecluse*	Mardi. 7 —
4 44	7 26	21 Primidi	Carline	Merc. 8 —
4 45	7 24	22 Duodi	Câprier	Jeudi 9 —
4 47	7 23	23 Tridi	Lentille	Vend. 10 —
4 48	7 21	24 Quartidi	Aunée	Sam. 11 —
4 49	7 19	25 *Quintidi*	*Loutre*	*Dim. 12 août*
4 51	7 18	26 Sextidi	Myrte	Lundi 13 —
4 52	7 16	27 Septidi	Colza	Mardi 14 —
4 54	7 14	28 Octidi	Lupin	Merc. 15 —
4 55	7 12	29 Nonidi	Coton	Jeudi 16 —
4 56	7 10	30 *Décadi*	*Moulin*	Vend. 17 —

Dernier quartier : 25 juillet, à 9 h. 16, soir.

Nouvelle lune : 1er août, à 0 h. 33, soir.

Premier quartier : 8 août, à 10 h. 15, matin.

Pleine lune : 16 août, à 1 h. 26, soir.

19 juillet 1886. — Ayant tiré cinq coups de revolver sur les boursicotiers, Gallo ramasse 20 ans.

20 juillet 1892. — Aux Etats-Unis, à Homestead, riche grève où les prolos marchent avec pétrole et dynamite. Un anarcho, Bechmann, essaye de *fricasser* Frick, le directeur du bagne Carnégie.

8 août 1890. — A Grenoble, procès est fait à 18 prolos, parce qu'au 1er mai 90, à Vienne, le bagne Brocard avait été un peu chahuté. 3 anarchos écoppent seuls : Martin, Tennevin, Buisson.

15 août 1883. — Les gueules noires de Montceau-les-Mines se révoltent contre Chagot et les cafards : la dynamite pète dur.

15 août 1892. — A Carmaux, les mineurs se rebiffent, envahissent la turne du directeur... et sortent comme ils étaient entrés !

27 juillet 1892. — Condamnation de Faugoux, Chalbret, Etiévant, Drouhet, pour le chapardage de dynamite de Soissy-sous-Etioles.

THERMIDOR

Thermidor

nous aménera la canicule, transformera nos caboches en bouillottes, muera les pépins en parasols et cuira les œufs au cul des poules. Les flics feront la chasse aux cabots et Arton se pavanera aux bains de mer; les poissons boiront de l'eau tiède, les bistrots seront dans leur dur, les porcs iront à la glandée, et

les cornichons auront la gueule verte.

Ce mois-là, des tas d'avaros nous dégoulineront sur la margoulette :

Non contents d'être sucés jusqu'à la moelle par les sangsues gouvernementales, nous aurons à subir une sacrée invasion de punaises qui seront, plates de la tête et minces du ventre. Malheur aux gourdiflots qui n'auront pas fait provision de poudre sans fumée, de mélinite, de plancastite, et autres fourbis en *ite*... je ne les vois pas à la noce !

Outre ça, dans la tripatouillée d'épidémies dont faudra nous garrer, y en a une que la canicule rendra bougrement terrible, maligne, perverse, redoutable : ce sera la disette de picaillons! vu la morte-saison, la monouille sera aussi rare dans nos porte-braises que la justice dans les jupons des jugeurs et l'intelligence dans les bottes des gendarmes. Les pauvres bougres que rongera cette épidémie, plus affreuse que la gale, la peste ou le choléra, ne sauront à quel médecin se vouer. Pour s'en guérir radicalement, y aurait pourtant pas la mer à boire : il suffirait de ne pas attendre l'ouverture de la chasse, et se fiche illico à l'affût du gibier accapareur.

Les députés étant à l'abri de cette épidémie, ils continueront à la mener joyeuse : esquintés de n'avoir rien foutu de l'année, ils battront leur flemme en thermidor, et les chemins de fer trimballeront leur viande aux quatre coins du patelin.

Aux bons bougres qui espèrent les réformes promises par les faiseurs de lois, je conseille d'éplucher le temps que ces salauds turbinent dans l'année : c'est si peu que, le voudraient-ils, y aurait pas plan qu'ils tiennent leurs promesses.

L'été, ils s'appuient à l'afilée trois mois de flemme; en plus, à chaque fête, carillonnée ou non, ils s'offrent des vacances; pour ce qui est de leur boulot, le reste du temps ils ont à peine cinq séances par semaines. Tout calcul fait, ils ne vont à l'Aquarium qu'une centaine de jours par an.

Et ils n'y moisissent pas, nom de dieu ! Quand ils ne se donnent pas campos, ce qui leur arrive bougrement de fois, ils s'amènent vers les deux heures et s'esbignent vers les 5 ou 6 plombes. Grosso modo, en admettant qu'ils ne rateraient pas une séance, ça leur fait 4 heures par jour, — 400 heures par an... soit une paye de plus de 20 francs l'heure ! Et ça ne leur suffit pas, nom de dieu !

A un avocat de Cherbourg, qui guignait l'Aquarium, on demandait : « Comment, vous qui gagnez 20,000 balles par an, vous lâcheriez votre cabinet pour palper les 9,000 francs des députés ?

— Vous me prenez donc pour une tourte ? répondit l'ambitieux. Un député intelligent ne se contente pas de 9,000 fr.

Fructidor — An 102

(Du 18 Août au Dimanche 16 Septembre)

SIGNE DU ZODIAQUE

La Vierge

lever	coucher			Jour	
h. m.	h. m.				
4 58	7 9	1	Primidi	Prune	Samedi 18 *août*
4 59	7 7	2	Duodi	Millet	*Dim.* 19 *août*
5 1	7 5	3	Tridi	Lycoperde	Lundi 20 —
5 2	7 3	4	Quartidi	Escourgeon	Mardi 21 —
5 3	7 1	5	*Quintidi*	*Saumon*	Merc. 22 —
5 5	6 59	6	Sextidi	Tubéreuse	Jeudi 23 —
5 6	6 57	7	Septidi	Sucrin	Vend. 24 —
5 8	6 55	8	Octidi	Apocyn	Sam. 25 —
5 9	6 53	9	Nonidi	Réglisse	*Dim.* 26 *août*
5 11	6 51	10	*Décadi*	*Echelle*	Lundi 27 —
5 12	6 49	11	Primidi	Pastèque	Mardi 28 —
5 13	6 47	12	Duodi	Fenouil	Merc. 29 —
5 15	6 45	13	Tridi	Epine-vinette	Jeudi 30 —
5 16	6 43	14	Quartidi	Noix	Vend. 31 —
5 18	6 41	15	*Quintidi*	*Truite*	**Samedi 1er sept.**
5 19	6 39	16	Sextidi	Citron	*Dim.* 2 *sept.*
5 20	6 37	17	Septidi	Cardière	Lundi 3 —
5 22	6 35	18	Octidi	Nerprun	Mardi 4 —
5 23	6 33	19	Nonidi	Tagette	Merc. 5 —
5 25	6 31	20	*Décadi*	*Hotte*	Jeudi 6 —
5 26	6 29	21	Primidi	Eglantier	Vend. 7 —
5 28	6 27	22	Duodi	Noisette	Sam. 8 —
5 29	6 25	23	Tridi	Houblon	*Dim.* 9 *sept.*
5 30	6 23	24	Quartidi	Sorgho	Lundi 10 —
5 32	6 20	25	*Quintidi*	*Ecrevisse*	Mardi 11 —
5 33	6 18	26	Sextidi	Bigarade	Merc. 12 —
5 35	6 16	27	Septidi	Verge d'or	Jeudi 13 —
5 36	6 14	28	Octidi	Maïs	Vend. 14 —
5 37	6 12	29	Nonidi	Marron	Sam. 15 —
5 39	6 10	30	*Décadi*	*Panier*	*Dim.* 16 *sept.*

JOURS COMPLÉMENTAIRES: SANS-CULOTTIDES. AN 102

lever	coucher				Jour	
5 40	6 8	1	Primidi	1re Sans-Culottide	Lundi 17 *sept.*
5 42	6 6	2	Duodi	2e »	Mardi 18 —
5 43	6 3	3	Tridi	3e »	Merc. 19 —
5 45	6 1	4	Quartidi	4e »	Jeudi 20 —
5 46	5 59	5	*Quintidi*	5e »	Vend. 21 —
5 47	5 57	6	Sextidi	6e S.-Cul. supplément	Sam. 22 —

Dernier quartier : 24 août, à 5 h. 49, matin.
Nouvelle lune : 30 août, à 8 h. 14, soir.
Premier quartier : 7 septembre, à 1 h. 12, matin.
Pleine lune : 15 septembre à 4 h. 31, matin.
Dernier quartier : 22 septembre à 0 h. 12, soir.

---

20 août 1892. — A Villars, près de Saint-Etienne, un mineur, Rullière, débauché à cause de ses idées anarchotes se poste dans une galerie et révolvérise l'exploiteur qui n'est que blessé. Rullière se tire des pattes et est condamné à mort par contumace.

28 août 1891. — Le président Benoît et l'avocat lécheur Bulot se montrent d'une vacherie carabinée dans le procès de Decamps, Dardare et Léveillé.

2 et 3 septembre 1792. — Le populo revolté ayant foutu la royauté en bas au 10 août et se voyant berné par les bourgeois, se décide à se venger un brin lui-même : il va aux prisons et en deux temps fait leur affaire aux aristos conspirateurs.

6 septembre 1890. — Mouchardé par les guesdistes du *Cri des Travailleurs*, Lorion est arrêté à Roubaix ; il se défend contre les roussins à coups de revolver et en blesse plusieurs.

FRUCTIDOR

Fructidor

le bien nommé, nom d'une pipe ! La fruitaille fruitera par tous les coins: tandis que les malins déchausseront les patates, écosseront les haricots, ne sauront par quel bout commencer, les loufoquesgauleront les raisins en place des noix, les niguedouilles vendangeront les escargots, les charognes encaisse-

ront des marrons et les finauds suceront la poire aux pommes et aux bonnes bougresses.

Par exemple, ceux-là feront une sale gueule qui récolteront des vingt-huit jours ! Ils en seront tellement à cran que dans les manœuvres les gradés seront d'une riche prudence, se tenant à l'écart pour ne pas récolter de pruneaux.

D'autre part, les huîtres et les richards commenceront à rapliquer à la ville.

Le soleil musardera sous le signe de la vierge, et en fait de bégueules, faisant grise mine aux bécots, on ne verra guère que les laiderons et les bigottes.

Les braconniers n'auront pas attendu l'autorisance gouvernementale pour décrocher leur fusil, et ils n'auront foutre pas eu tort ! Les trous du cul braillèrent qu'ils exterminent le gibier, ne lui laissant pas pousser poils et plumes. Qu'ils cessent de jérémier ! Il en sera de même aussi longtemps qu'on nous foutra des entraves aux pattes : du moment que les dirigeants interdisent quèque chose, c'est une raison mâchoire pour sauter à pieds joints sur l'interdiction.

Les bidards qui cracheront 25 balles à l'Etat pourront massacrer cailles, perdreaux, lapins, sans craindre les charpentiers à Carnot. C'est y leur permis qui offusquera le gibier ? Toujours est-il qu'ils n'en dégringoleront pas des flottes !

Plus heureuses seront les bonnes bougresses : elles feront une rude chasse aux puces, qui, cette année, abonderont à boisseaux. Eh crédieu, je vous réponds d'une chose, c'est que les veinards qui leur donneront un coup de main pour ce turbin galbeux ne bouderont pas à la besogne.

Fructidor bouclera l'an 102 du calendrier révolutionnaire. Si les sans-culottes qui, il y a un siècle, le foutirent en chantier revenaient, histoire de boire chopine avec nous, ils se ficheraient salement de notre fiole et nous engueuleraient comme un pied. A nous voir, revenus au vomissement du *calendrier esclave*, ils nous renieraient illico, ne voulant pas, dans nos têtes à gilles, reconnaître la bobine de leurs petits-fils.

Et nom de dieu, ils n'auraient pas tort de trouver que nous n'avons guère marché sur leurs traces ; s'ils n'étaient pas en plein dans l'axe, du moins les bougres étaient de leur siècle, tandis qu'il serait difficile de dire duquel nous sommes. Au lieu de sang, c'est du jus de navet, du pissat de richard qui gargouille dans nos veines.

Enfin, espérons qu'un de ces quatre matins, la moutarde nous montant au nez, nous rattraperons le temps perdu.

Vendémiaire – An 103

(Du 23 Septembre au Lundi 22 octobre)

LEVER ET COUCHER DU SOLEIL A PARIS

SIGNE DU ZODIAQUE

La Balance

lever	cou-cher			
h. m.	h. m.			
5 49	5 55	1 Primidi	Raisin	*Dim. 23 sept.*
5 50	5 53	2 Duodi	Safran	Lundi 24 —
5 52	5 51	3 Tridi	Chataigne	Mardi 25 —
5 53	5 48	4 Quartidi	Colchique	Merc. 26 —
5 55	5 46	5 *Quintidi*	*Cheval*	Jeudi 27 —
5 56	5 44	6 Sextidi	Balsamine	Vend. 28 —
5 58	5 42	7 Septidi	Carotte	Sam. 29 —
5 59	5 40	8 Octidi	Amaranthe	*Dim. 30 septemb.*
6 1	5 38	9 Nonidi	Panais	**Lundi 1ᵉʳ oct.**
6 2	5 36	10 *Décadi*	*Cuve*	Mardi 2 —
6 3	5 34	11 Primidi	Pomme de terre	Merc. 3 —
6 5	5 32	12 Duodi	Immortelle	Jeudi 4 —
6 6	5 30	13 Tridi	Potiron	Vend. 5 —
6 8	5 28	14 Quartidi	Réséda	Sam. 6 —
6 9	5 26	15 *Quintidi*	*Ane*	*Dim. 7 octobre*
6 11	5 23	16 Sextidi	Belle de Nuit	Lundi 8 —
6 12	5 21	17 Septidi	Citrouille	Mardi 9 —
6 14	5 19	18 Octidi	Sarrasin	Merc. 10 —
6 15	5 17	19 Nonidi	Tournesol	Jeudi 11 —
6 17	5 15	20 *Décadi*	*Pressoir*	Vend. 12 —
6 19	5 13	21 Primidi	Chanvre	Sam. 13 —
6 20	5 11	22 Duodi	Pêche	*Dim. 14 octobre*
6 22	5 9	23 Tridi	Navet	Lundi 15 —
6 23	5 7	24 Quartidi	Amaryllis	Mardi 16 —
6 25	5 5	25 *Quintidi*	*Bœuf*	Merc. 17 —
6 26	5 4	26 Sextidi	Aubergine	Jeudi 18 —
6 28	5 2	27 Septidi	Piment	Vend. 19 —
6 29	5 0	28 Octidi	Tomate	Sam. 20 —
6 31	4 58	29 Nonidi	Orge	*Dim. 21 octobre*
6 33	4 56	30 *Décadi*	*Tonneau*	Lundi 22 —

L'AUTOMNE commence le 23 septembre.
Nouvelle lune : 27 septembre, à 5 h. 53, matin.
Premier quartier : 6 octobre à 7 h. 11, soir.
Pleine lune : 14 octobre, à 6 h. 50, soir.
Dernier quartier : 21 octobre, à 7 h. 5, soir.

28 septembre 1883. — Inaugurance au Niederwald de la statue de la *Germania*, glorifiant la guerre de 1870. Reinsdorff et ses copains avaient miné le sol : le tyran d'Allemagne et sa séquelle devaient sauter en l'air; un salaud coupa la mèche et les gas furent pincés.

30 septembre 1888. — La guerre aux bureaux de placement prend une allure pratique : la turne d'un placeur de la rue Chénier est dynamitée, les dégâts se bornent à un pan de mur démantibulé, mais la frousse des exploiteurs n'en est pas moins faramineuse.

19 octobre 1869. — Badingue fait mitrailler les mineurs d'Aubin et de Decazeville.

12 octobre 1884. — Les bourreaux autrichiens pendent le compagnon Kammerer qui avait exécuté le mouchard Blöbeck.

VENDÉMIAIRE

Vendémiaire

fleure bon, mille marmites! Nous voici à l'an 103 : les vendanges s'achèvent, le raisin boût dans les cuves. Quel meilleur moment pour fêter l'année nouvelle que celui où le vin nouveau giscle des pressoirs?

Epaisse comme du macadam, la bonne vinasse se laisse boire dans la tasse des vignerons. Douçâtre, sucrée, elle relâche les boyaux : c'est la plus chouette des purges.... On commence l'année nouvelle, par un renouvellement de tout.

Puis, outre les vendanges, voici les semailles : dans les champs déjà brumeux, à grandes volées, les campluchards éparpillent le grain qui, après avoir roupillé tout l'hiver, montrera en germinal sa frimousse verdâtre.

De la vendange, les prolos des villes s'en foutent! Le picton qui leur passe par le trou du cou est une poison de la famille du Château-la-Pompe, n'ayant pas deux liards de parenté avec les raisins.

Quant aux picolos veloutés, ils sont pas nés pour leurs fioles!

A ces bons bougres, que je jaspine une découverte épastrouillante qui va réjouir tous les boit-sans-soif. Pour le vinochard nature, il faut des raisins, tout comme pour le civet il faut un chat ou un lapin. Lorsque le vigneron est un sale fricotteur bourgeois, il salopise son picolo avec des drogues infernales. S'il est bon fieu, il laisse mijoter les raisins à leur fantasia.

Eh bien, voici que les chercheux de bestioles invisibles viennent de dégotter un fourbi galbeux : ils ont pris au nid la levure du vin!

Oui, nom de dieu, le vin a sa levure, tout comme la bière a la sienne, comme le lait a sa présure, le pain son levain. Et, turellement, autant de qualités de vin, autant de levures différentes.

Vous voyez d'ici le tableau : dans une cuve qui n'aurait donné qu'un verjus dégueulasse, on fourre la levure du vin qu'on veut avoir, et vas-y mamzelle Nature! Ça lève! On obtient du bordeaux, du bourgogne..., à son goût!

Enfoncés les picolos de la haute, mille sabords! Seulement pour qu'un si riche mic-mac profite au populo, y aura rien de fait tant que la racaille exploiteuse ne sera pas foutue à cul.

Brumaire — An 103

(Du 23 Octobre au Mercredi 21 Novembre

SIGNE DU ZODIAQUE

Le Scorpion

LEVER ET COUCHER DU SOLEIL A PARIS					
lever	cou-cher				
h. m.	h. m.				
6 34	4 54	1	Primidi	Pomme	Mardi 23 *octobre*
6 36	4 52	2	Duodi	Céleri	Mercr. 24 —
6 37	4 51	3	Tridi	Poire	Jeudi 25 —
6 39	4 49	4	Quartidi	Betterave	Vendr. 26 —
6 40	4 47	5	*Quintidi*	*Oie*	Samedi 27 —
6 42	4 45	6	Sextidi	Héliotrope	*Dim. 28 octobre*
6 44	4 43	7	Septidi	Figue	Lundi 29 —
6 45	4 42	8	Octidi	Scorsonère	Mardi 30 —
6 47	4 40	9	Nonidi	Alisier	Mercr. 31 —
6 48	4 38	10	*Décadi*	*Charrue*	**Jeudi 1er nov.**
6 50	4 37	11	Primidi	Salsifis	Vend. 2 —
6 52	4 36	12	Duodi	Macre	Sam. 3 —
6 53	4 35	13	Tridi	Topinambourg	*Dim. 4 novembre*
6 55	4 32	14	Quartidi	Endive	Lundi 5 —
6 56	4 31	15	*Quintidi*	*Dindon*	Mardi 6 —
6 58	4 29	16	Sextidi	Chervis	Mercr. 7 —
7 »	4 28	17	Septidi	Cresson	Jeudi 8 —
7 1	4 26	28	Octidi	Dentelaire	Vend. 9 —
7 3	4 25	19	Nonidi	Grenade	Sam. 10 —
7 4	4 23	20	*Décadi*	*Herse*	*Dim. 11 novembre*
7 6	4 22	21	Primidi	Baccante	Lun. 12 —
7 8	4 21	22	Duodi	Azerole	Mar. 13 —
7 9	4 20	23	Tridi	Garance	Mer. 14 —
7 11	4 18	24	Quartidi	Orange	Jeudi 15 —
7 12	4 17	25	*Quintidi*	*Faisan*	Ven. 16 —
7 14	4 16	26	Sextidi	Pistache	Sam. 17 —
7 15	4 15	27	Septidi	Macjonc	*Dim. 18 novembre*
7 17	4 14	28	Octidi	Coing	Lun. 19 —
7 19	4 13	29	Nonidi	Cormier	Mar. 20 —
7 20	4 12	30	*Décadi*	*Rouleau*	Mer. 21 —

Nouvelle lune : 28 octobre, à 6 h. 7, soir.
Premier quartier : 5 novembre, à 3 h. 25, soir.
Pleine lune : 13 novembre, à 7 h. 58, matin.
Dernier quartier : 20 vembre, à 2 h. 18, matin.

4 novembre 1889. — Les jugeurs condamnent Pini, pour avoir repris aux richards et attribué à la propagande une petiote part des richesses volées au popnlo.

3 novembre 1892. — Une petiote marmite destinée au baron Reille, l'exploiteur de Carmaux, s'escluffe dans le commissariat de la rue des Bons-Enfants.

10 novembre 1888. — La guerre aux bureaux de placement : deux tanières de placeurs sont dynamitées, rue Boucher et rue Française.

11 novembre 1887. — Parsons, Spies, Engel et Fischer sont pendus à Chicago. Lingg évite la potence en se faisant sauter la tête avec un cigare farci de dynamite. « Salut, s'écrie Spies, le temps, ou notre silence, sera plus puissant que notre parole qu'on étrangle ! »

18 novembre 1890. — Padlewski s'introdubibilise dans la cahute du roussin russe Seliverstoff ; lui brûle la gueule et s'esbigne en poinard.

BRUMAIRE

Brumaire

n'engendrera vraiment pas la gaieté ni les beaux jours. A preuve, c'est que le soleil se collera de la suie sur la gueule en guise de poudre de riz.

Peut-être, pour l'été de la Saint-Martin qui s'amènera le 11 novembre, nous fera-t-il un tantinet moins grise mine ?.... Mais ne nous y fions pas ! La brouillasse, la pluie, aussi quelques paquets de neige, nous pendent plus au nez que les coups de soleil.

Les arbres perdront leur perruque, la terre se déplumera, les chauves se feront des cheveux et les blancs-becs boufferont de la barbe de capucin.

Les culs - terreux fumeront leurs champs, — et ils fumeront encore en payant l'impôt ! Dans leur rage, ils butteront les artichauts, se faisant ainsi la main pour butter les richards avec adresse, quand l'occase s'en présentera.

Les ramoneurs récureront les cheminées, les ménagères les culs des chaudrons et les frocards celui des bigottes. Pour ce qui est des marchands d'injustice, y a pas de pet qu'ils récurent leur conscience : plus noire elle est, mieux ça va !

Le chauffage sera bougrement de saison, nom de dieu !

Les amoureux chaufferont leurs amoureuses ; les dépotés chaufferont les chèques, les ambitieux leur réputation, les notaires, la braise des jobards. Les roussins manœuvreront pour chauffer les violateurs de cette pouflasse de mère Loi, — et ces bougres auront la jugeotte si biscornue qu'ils ne se laisseront chauffer qu'à regret.

Pour ce qui est des pauvres prolos qui n'auront pas pu chauffer de turbin, ils chaufferont mille misères et tout ce qui s'ensuit !... Ils chaufferont tout, excepté leurs pauvres carcasses.

Turellement, comme il n'y a pas de fumée sans feu, les mineurs s'échaufferont la bile à tirer le charbon du fin fond de la terre.

Qu'il vente ou qu'il pleuve, à peine s'ils le sauront : enfouis dans leurs taupinières, ils useront leur sang à gaver les richards.

Si la rancœur leur vient, ils saisiront le retour de brumaire et dans l'espoir d'ensoleiller leur existence, ils se foutront en grève.

S'ils avaient le nez creux, ils seraient les bons ! En effet : qui a creusé la mine ? C'est eux ! Qui tire le charbon ? C'est eux !

Qui en récolte le bénef ? Les capitalos !

Pour changer le fourbi et l'équilibrer naturellement, ils n'auraient qu'à continuer la série, sans changer le mouvement : puisque c'est eux qui ramènent du bas le charbon,... il est tout simple que ce soit eux qui en aient le bénef !

Partant de ce pied, ils prendraient possession de la mine... et réserveraient un pic pour les actionnaires, au cas où l'envie viendrait à ces feignasses de turbiner kif-kif les frères et amis.

Frimaire — An 103

(Du 22 Novembre au 21 Décembre 94)

SIGNE DU ZODIAQUE

Le Sagittaire

LEVER ET COUCHER DU SOLEIL A PARIS				
lever h. m.	coucher h. m.			
7 22	4 11	1 Primidi	Raiponse	Jeudi 22 *nov.*
7 23	4 10	2 Duodi	Turneps	Vend. 23 —
7 24	4 9	3 Tridi	Chicorée	Sam. 24 —
7 26	4 8	4 Quartidi	Nèfle	*Dim. 25 novemb.*
7 27	4 7	5 *Quintidi*	*Cochon*	Lundi 26 —
7 29	4 7	6 Sextidi	Mâche	Mardi 27 —
7 30	4 6	7 Septidi	Chou-fleur	Merc. 28 —
7 31	4 5	8 Octidi	Miel	Jeudi 29 —
7 33	4 5	9 Nonidi	Genièvre	Vend. 30 —
7 34	4 4	10 *Décadi*	*Pioche*	**Sam. 1er déc.**
7 35	4 4	11 Primidi	Cire	*Dim. 2 décembre*
7 37	4 3	12 Duodi	Raifort	Lundi 3 —
7 38	4 3	13 Tridi	Cèdre	Mardi 4 —
7 39	4 2	14 Quartidi	Sapin	Merc. 5 —
7 40	4 2	15 *Quintidi*	*Chevreuil*	Jeudi 6 —
7 41	4 2	16 Sextidi	Ajonc	Vend. 7 —
7 42	4 2	17 Septidi	Cyprès	Sam. 8 —
7 44	4 2	18 Octidi	Lierre	*Dim. 9 décembre*
7 45	4 1	19 Nonidi	Sabine	Lundi 10 —
7 46	4 1	20 *Décadi*	*Hoyau*	Mardi 11 —
7 46	4 1	21 Primidi	Erable-Sucre	Merc. 12 —
7 47	4 1	22 Duodi	Bruyère	Jeudi 13 —
7 48	4 1	23 Tridi	Roseau	Vend. 14 —
7 49	4 2	24 Quartidi	Oseille	Sam. 15 —
7 50	4 2	25 *Quintidi*	*Grillon*	*Dim. 16 décembre*
7 51	4 2	26 Sextidi	Pignon	Lundi 17 —
7 51	4 2	27 Septidi	Liége	Mardi 18 —
7 52	4 3	28 Octidi	Truffe	Merc. 19 —
7 53	4 3	29 Nonidi	Olive	Jeudi 20 —
7 53	4 4	30 *Décadi*	*Pelle*	Vend. 21 —

L'HIVER commence le 21 décembre.
Nouvelle lune : 27 novembre, à 0 h. 1, matin.
Premier Quartier : 5 décem., à 0 h. 25, soir,
Pleine lune : 12 décembre, à 7 h. 55, soir.
Dernier quartier : 19 décem., à 11 h. 25, matin.
Nouvelle lune : 27 décembre, à 2 h. 29, matin.

9 décembre 1892. — Epatant ! Pelduzi, un riche fieu, débauché en janvier du bagne à bougios de Fournier, à Marseille, se collait à l'affût et de deux coups de fusil crevait son contre-coup. Jugé à Aix, il est acquitté ! Epatant et chouette !

11 décembre 1883. — Cyvoct est condamné à mort à Lyon, pour le crime d'avoir été gérant d'un journal anarcho, à l'époque où un inconnu collait une bombe à l'Assommoir, bouiboui où noçaient les marlous de la haute.

18 décembre 1890. — Lorion, victime des sociabos à la manque, est condamné à dix ans de travaux forcés.

NIVOSE — AN 103

1 Primidi	Tourbe	Sam. 22 *déc.*	
2 Duodi	Houille	*Dim.* 23 —	
3 Tridi	Bitume	Lundi 24 —	
4 Quartidi	Soufre	Mardi 25 —	
5 *Quintidi*	*Chien*	Merc. 26 —	
6 Sextidi	Lave	Jeudi 27 *décemb.*	
7 Septidi	Terre végétale	Vend. 28 —	
8 Octidi	Fumier	Sam. 29 —	
9 Nonidi	Salpêtre	*Dim. 30* —	
10 *Décadi*	*Fléau*	Lundi 31 —	

FRIMAIRE

Frimaire

a une sale fri-
mousse, bondieu
de bois! Le so-
leil se bécotte
avec le Sagit-
taire, aussi le po-
pulo est-il obligé
de s'agiter bou-
grement pour se
réchauffer les
abattis.

Sacré cram-
pon de soleil! Il
nous montre sa
tronche toute de
travers, et ne
nous chauffe
qu'en biseau....
Faut de l'aplomb
pour appeler ça
« chauffer! » C'est si peu que les étrons
en gèlent.

C'est qu'aussi le chameau d'hiver n'a
pas attendu son ouverture pour faire des
siennes: il a devancé l'appel!

En Frimaire, les mois seront aussi ré-
trécis que la jugeotte des grosses légumes : ce sont les plus courts de l'année.
A cela, les purotins n'y verront goutte :
les jours sans pain étant tous d'une longueur abominable.

Encore quelques tours de cadran, et voici la fin de l'année cretine: un brin d'em-
piétement sur Nivôse, et ça fera le joint!

Les gosses jubileront! Bonhomme Noël
n'est pas loin : par la cheminée, il ver-
sera dans leur petit godillot une kyrielle
de bricoles... à condition que la maman
soit un tantinet argentée.

Hélas, combien n'auront pas cette
veine! Combien passeront leur hiver sans
jamais voir de bûche dans l'âtre, encore
moins à Noël que les autres jours,.... et
ça, parce qu'ils n'auront pas d'âtre !

Ah, l'Hiver! quel grand mangeur de
pauvre monde : ce qu'il a tôt fait de
déquiller les prolos, c'est rien de le dire!
On croirait l'entendre ronchonner :
« Puisque vous êtes trop nigauds pour
vous caler les joues, c'est moi qui vous
bouffe! »

Mais, voici que dans le grisâtre du soir
on entendra des gueulements de cochon
qu'on saigne..... Eh oui, foutre ! Pour la
Noël, on va s'empiffrer de boudin.

Quel boudin?... Sera-ce celui du porc
gras à lard qui, depuis une enfilée de siècles s'engraisse de la vie du populo?

L'heure serait donc enfin sonnée où
les mistoufliers trouveront trop coriaces
les briques à la sauce aux cailloux ?

Ah, mille marmites, si c'était vrai,
j'en ferais des bonds de cabri!

ÉCLIPSES POUR 1894

Ce qui s'éclipsera le plus dans l'existence du populo, ce sera les pains de quatre livres, les biftecks, le picolo nature et les plumards rembourrés.

Ces éclipses terribles seront bougrement visibles à l'œil nu. Quoique ça, y a des jean-foutre qui ne voudront pas les apercevoir.

D'autres éclipses, qui habituellement, ont lieu à la vapeur, ce sont celles des banquiers, notaires et autres fripouilles, dont le métier est de dégraisser les gogos.

Ces bondieu d'éclipses ne se comportent pas pareil aux autres : invisibles au moment où elles se produisent, elles deviennent visibles après coup, — c'est tordant, mais c'est comme ça !.... De cette espèce, cette année, y en aura pire que jamais.

A côté de ces sacrées éclipses, celles du soleil ou de la lune sont de la gnognotte. Je vais pourtant en dire deux mots, car y a des bons bougres qui s'intéressent aux galipètes de l'une et de l'autre :

En 1894, la lune et le soleil nous gratifieront chacun de deux éclipses :

Éclipses du soleil : Primo, le soleil s'éclipsera le 5 avril ; ce jour-là, sa gueule sera chouette à reluquer, la lune lui passera devant le nez de telle façon qu'à un moment il ressemblera à un gros anneau. Hélas, de ce riche tableau on n'en verra rien à Paris ! Deuxièmo, le soleil s'éclipsera en plein le 28 septembre. De n'importe quel coin de la France y aura pas mèche d'en rien voir.

Éclipses de lune : le 21 mars, mademoiselle s'éclipsera à moitié. De Paris, bernique, on ne verra rien ! — Le 15 septembre on sera plus bidards : la lune s'éclipsera encore à moitié et nous pourrons reluquer le truc. Commencement du spectacle à 3 h. 45 minutes du matin ; milieu à 4 h. 41 m. et fin finale à 5 h. 36 du matin.

LES GRANDES MARÉES

Y a marée et marée, comme y a fagots et fagots.

La marée que le chemin de fer nous amène de la mer, est bonne à bouffer quand elle est fraiche : c'est d'abord la raie, qui n'est pas publique, et qu'on assaisonne au beurre noir, comme les yeux ; y a aussi le maquereau, une sorte qui ne vit aux crochets de personne ; puis, les huitres, les moules..., j'en passe et des meilleurs !

Par exemple, la plus puante des marées, c'est celle qui barbotte à l'Aquarium du quai d'Orsay. Y a les mêmes variétés que dans l'autre : huitres, moules, maquereaux... ; on les classe vulgairement sous l'étiquette générale de députés ou bouffe-galette. Bons bougres, s'il vous en tombe jamais sous la patte n'essayez pas d'en manger : c'est tout ce qu'il y a de plus venimeux.

On appelle aussi *marées* des gonflements de ballon que l'Océan se paie périodiquement. Tous les jours, on voit monter le bouillon salé, kif-kif une soupe au lait ; puis il s'abaisse, pour se relever à nouveau, — et ainsi à perpète.

Quand viennent la nouvelle lune et la pleine lune, les gonflements de l'Océan sont plus forts que jamais. Cette année, les plus grosses marées seront celles des 23 janvier, 21 février, 23 mars, 7 avril, 3 août, 1ᵉʳ et 30 septembre. Si à ces moments-là le vent se mêle de souffler un peu fort, y aurait rien de drôle à ce qu'il y ait du grabuge sur la grande tasse.

POURQUOI ET COMMENT
Le Père Peinard s'est bombardé Journaleux

Ce que le temps passe, mille marmites ! Y a de ca cinq années, quasiment.

La Boulange faisait alors tourner la boule au populo ; à l'élection du 27 janvier 89, la foultitude d'affiches qui salissaient les murs de Paris me donna envie d'y aller de la mienne.

Entre deux savates, j'accouchai de la *Première du Père Peinard au Populo*.

Sans me pousser du col, le flanche fut bougrement gobé. A telle enseigne que ça me mit l'eau à la bouche : l'idée me vint de continuer le fourbi, et de tailler de régulières bavettes avec le populo.

Faire un journal ?... Mince de tintouin ! Je ne refoulai pas, mille dieux. J'avais quelques pélos en poche : je risquai le paquet.

Le bon fieu qui, le plus souvent, torche les dessins de la huitième page, colla ma trombine sur le papier. Bons bougres, levez le nez de trois pouces, la gueule en question est juste au-dessus de la tartine.

Ça fit une couverte à mes réflecs. Ah mais, foutre. le numéro n'était pas grandelet ! A peine s'il était large comme la main.

Depuis, le caneton s'est emplumé, il a ouvert ses ailes, bec et ongles lui ont poussé.

Turellement, sur les foultitudes de

camaros inconnus avec qui je jacasse aujourd'hui toutes les semaines, y en a bougrement qui n'ont jamais reluqué le commencement de mes flanches.

Pour ceux-là, afin de faire plus ample connaissance, je vas leur servir quelques tranches des tartines de mon premier numéro, qui parut le 24 février 1889.

Voici :

Si rigolboche que ça paraisse, ça y est, me voilà journaliste.

Comment c'est venu, en quatre mots le voici : depuis un brin de temps, un tas d'idées me trottaient par la caboche, et ça me turlupinait rudement de n'en pas pouvoir accoucher. Voir cette fin de siècle, dégueulasse au possible, où tout est menteries, crapuleries et brigandages, — et assister la bouche close à tout ça : nom de dieu, je pouvais pas m'y faire !

Le sang me bouillait de voir les cochons du gouvernement s'engraisser à nos dépens; de ces bougres-là, y en a pas un seul qui vaille mieux que l'autre. Dans les Chambres, de l'Extrême-Droite à l'Extrême-Gauche, il n'y a qu'un tas de salopiauds tous pareils : Cassagnac, Freppel, Ferry, Flo-quet, Boulanger, Basly et les autres, c'est tous des bouffe-galette !

La rosserie des patrons aussi me foutait en rage. Ces chameaux-là n'en fichent pas un coup ! Ils rappliquent à l'atelier une fois leur chocolat liché ; ce qu'ils savent faire chouettement, c'est gueuler après les compagnons et palper la bonne argent, — sortis de là, y a plus personne.

Y a bien les journalistes de métier qui pourraient parler et en dire long, contre les riches et les puissants ; mais voilà, ils trouvent plus profitable de rabâcher les vieilles balançoires. Le nez au cul des bourgeois, des financiers, des gouvernants, ils ne cherchent qu'à empocher des pièces de cent sous.

Et dam, comme ils y trouvent leur profit, ils sont muets comme les carpes. — Y a pas, c'est un truc épatant pour empêcher les chiens de mordre, que de les attacher avec des saucisses !.....

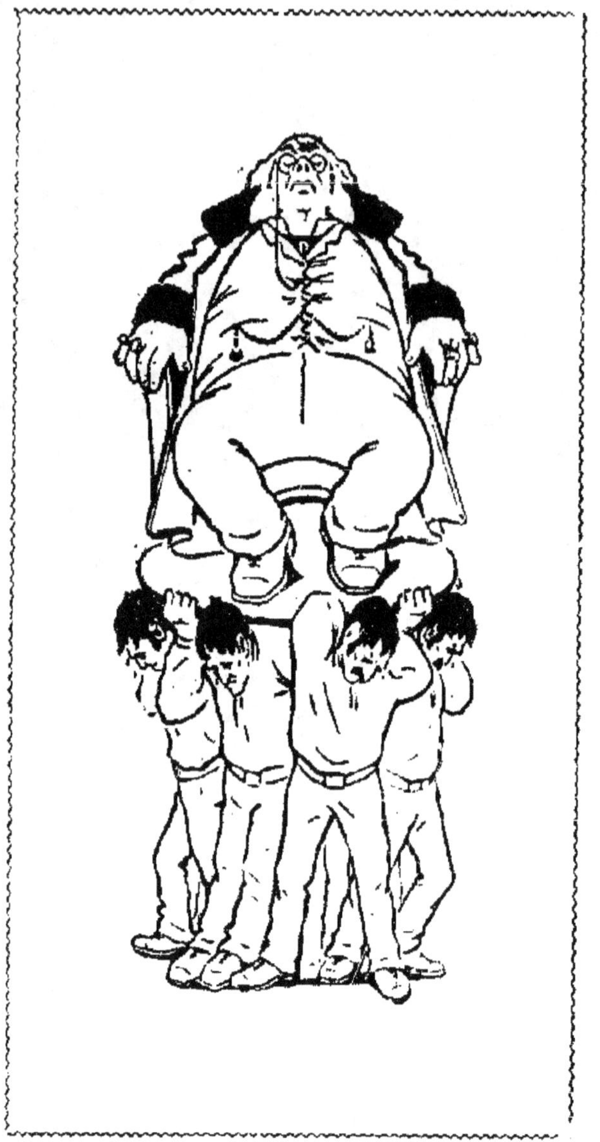

CAPITAL ET TRAVAIL

Richement frusqué, n'en foutant jamais un coup, le capitalo se fait charrier sur les épaules des peinards.

Donc, je répétais souvent : y aura donc pas un gas à poil qui ait le nerf de gueuler toutes ces vérités, nom de dieu?

A force d'y penser, d'en causer avec des copains, je me suis dit : « Pourquoi pas moi? Si l'instruction est un peu de sortie, y a du bon sens dans ma caboche !... »

* *

Naturellement, en ma qualité de gniaff, je suis pas tenu à écrire comme les niguedouilles de l'Académie : vous savez, ces quarante cornichons immortels, qui sont en conserve dans un grand bocal, de l'autre côté de la Seine.

Ah, non alors, que j'écrirai pas comme eux ! Primo, parce que j'en suis pas foutu, — et surtout parce que c'est d'un rasant, je vous dis que ça...

Et puis, il faut tout dire : la grammaire que j'ai eu à l'école ne m'ayant guère servi qu'à me torcher le cul, je ne saisis pas en quel honneur je me foutrais à la piocher maintenant.

Il est permis à un zigue d'attaque, de la trempe de bibi, de faire en jabotant ce que les gourdes de l'Académie appellent des *cuirs*. Et j'en fais, mille tonnerres, je suis pas bouiffe pour des prunes !

Pourquoi donc que je m'en priverais en tartinant ?

J'ai la tignasse embroussaillée, je la démêle, comme on dit, avec un clou, — je vois pas pourquoi je bichonnerais mes flanches ?

Est-ce des rabâchages de châtrés que je colle sur le papier ? — Je le pense pas bon sang !

Eh bien, pour lors, à quoi ça serait utile de pommader mes phrases, puisqu'elles sont pas pondues pour les petits crevés, qui font leur poire un peu partout ?

Les types des ateliers, les gas des usines, tous ceux qui peinent dur et triment fort, me comprendront. C'est la langue du populo que je dégoise ; et c'est sur le même ton que nous jabottons, quand un copain vient me dégotter dans ma turne et que j'allonge mes guibolles par-dessus ma devanture, pour aller siffler un demi-setier chez le troquet du coin.

Être compris des bons bougres, c'est ce que je veux, — pour le reste, je m'en fous !

———

Après ce dégoisage, comme il est de bon ton dans le premier numéro d'un canard de dire d'ousqu'on vient et ousqu'on va, je me fendis, à la bonne franquette, du flanche ci-dessous, qui est, comme qui dirait

MA PROFESSION DE FOI

Profession. — Je l'ai déjà dite, au jour d'aujourd'hui, rapetasseur de savates ; si vous préférez, gniaff, ou mieux, bouiffe.

Dans les temps, j'ai roulé ma bosse dans tous les patelins ; j'ai fais un tour de France épatant, nom de dieu !

Pas besoin de dire que j'ai mis la patte à trente-six métiers.

Naturellement, je n'ai pas dégotté de picaillons ; c'est pas en turbinant qu'on les gagne.

Il n'y a qu'un moyen pour faire rapliquer les monacos dans sa profonde : faire trimer les autres à son profit.

Ce fourbi-là m'a toujours dégoûté, aussi j'ai pas percé.

Je n'en ai pas de regret : je préfère être resté prolo.

Pourtant, dans la flotte des métiers que j'ai faits il en manque un, celui de soldat.

Ça m'a toujours pué au nez d'être troubade. N'empêche qu'à l'époque j'étais bougrement patriote, allez !

Mais, en jeune Peinard, ça ne me bottait pas d'aller faire connaissance avec le flingot, de faire par le flanc droit, par le flanc gauche, et de trimballer Azor.

Seulement, j'étais bien bâti, fortement campé sur mes guibolles.

D'autre part, mon paternel n'avait pas jugé à propos de tourner de l'œil pour m'exempter. Pas de cas potable à faire valoir, et surtout, pas de galette pour acheter un homme...

Nom de dieu, fallait se patiner, si je ne voulais pas partir, ainsi que les frères et amis.

Naturellement, je ne tenais pas à me foutre un doigt en l'air, comme un tas de pochetées de la campluche, — ah non, alors !

Heureusement, j'ai un bobo; et comme je suis pas mal fouinard, c'est lui qui m'a sauvé la mise. C'est une varice, petiote comme rien; le jour où je passai la révision, j'ai fait, dans la matinée, une sacrée nom de dieu de trotte. L'après-midi j'ai enfilé le costume du grand-père Adam et l'on m'a réformé illico.

C'est pas pour dire, mais y en a bougrement qui truquent dans les mêmes conditions. Parbleu, chacun tient à sa carcasse, — on n'en a pas de rechange, une fois usée, c'est pour de bon!

*
**

Nom de dieu de nom de dieu! Quand je pense tout de même aux couleuvres que j'ai avalées; quelle floppée, oh là là!

Naturellement, au temps où je gobais que les mômes poussaient sous les choux j'étais catholique.

Faut dire qu'à l'époque, même les types qui se disaient démocrates, laissaient les marchands d'eau bénite salir leurs mômes: les faisaient baptiser, confirmer, communier, marier, etc.

Ils trouvaient ça simple, tout en étant libre-penseurs. — Et, sans remonter si haut, il est facile d'en dégotter de ces bougres-là, encore aujourd'hui.

Donc, comme tous les gosses, on m'a abruti avec les gnoleries chrétiennes.

Pourtant, c'est ce qui m'a passé le plus vite; une fois en apprentissage je me suis rapidement dégourdi.

Les marchands de prières nous prêchent le paradis: «C'est très bath, le paradis, que je me dis. Seulement, je le veux sur cette terre, de mon vivant. Quand j'aurai tourné de l'œil ce sera pour de bon, et si je coupais plus longtemps dans les boniments des rabâcheurs de patenôtres, — je serais volé, mille bombes!»

Je ruminais ça, à l'époque, sans bien savoir au juste; j'ai vu depuis que j'avais tout à fait raison.

*
**

Puis, j'ai avalé tous les bouquins qui me tombaient sous la patte, anciens et nouveaux.

Je gobais que la vie était pareille à ce que je lisais. Les romanciers de mon époque, c'étaient Alexandre Dumas, Victor Hugo, Eugène Süe; et je voyais partout des d'Artagnan, des Rodin, des Esmeralda faisant danser leurs chèvres.

Je chantais la Lisette de Béranger, croyant que c'était arrivé; et je me disais avec ce blagueur:

Dans un grenier qu'on est bien à vingt ans.

Je t'en fiche: j'aime autant l'entresol!

C'était encore de l'illusion que je me foutais dans la bouillotte. La vie réelle, c'est pas ça!

Ah, les romans! C'est une deuxième religion qui nous empoigne quand nous avons échappé à la première.

Quand donc, nom d'un pétard, qu'on viendra à l'éducation vraie et naturelle, qui nous montrera la vie telle qu'elle est, — et nous empêchera de prendre les vessies pour des becs de gaz!

*
**

Les grandes pommades dans lesquelles j'ai coupé épatamment, ce sont celles de la politique.

Aujourd'hui, j'en ai plein le dos; j'en ai soupé et pour de bon, — ça n'a pas toujours été pareil, j'ai été gobeur comme les copains, — plus gobeur qu'eux.

Et c'est seulement à force de me voir toujours roulé, toujours foutu dedans par les uns et les autres que j'en suis arrivé où je suis.

Comme de juste, j'ai d'abord été pour le gouvernement: à l'époque c'était l'empire. On racontait que l'empereur était un bon fieu, qu'il aimait le peuple et voulait son bien, et dam, je le croyais!

Il était le gouvernement; conséquemment il avait raison, — ce que disaient les rouges était des menteries.

La République, nom de dieu, j'en avais un trac insensé.

C'est alors que j'ai fait la connaissance d'une vieille barbe de 48: il m'a décrassé un peu, le bougre!

DESSIN DE ADOLPHE WILLETTE

(Paru dans le *Pierrot*, en 1891.)

Ah ! les affaires sont les affaires !... Eh bien, moi aussi j'veux faire des affaires, et je **vais** commencer par faire la tienne !

Avec accompagnement de foutres de de foutres, il m'a prouvé que la République était le plus chouette des gouvernements.

Il me montrait son chapeau pointu, large comme un parapluie : « Ça mon gas, c'est la République ! » qu'il me disait.

Et je regardais le chapeau (qui aurait fait une chouette soupe, allez !) la larme à l'œil. Je comprenais pasbien le coup du chapeau ; mais j'avais encore la vénération de l'incompréhensible ; et je m'inclinais, nom de dieu !

Justement, on venait de fonder l'Internationale : oup, il m'a affilié, ça n'a pas fait un pli.

Puis, sont venues les années de grabuge ; je me suis emballé après Rochefort, et le 4 septembre, j'ai braillé avec tout le monde : « Vive la République ! »

Je croyais qu'elle allait nous donner à bouffer, — l'ancien de 48 me l'avait dit. — je t'en fous !

Ensuite, y a eu le siège ; là, j'ai pris l'uniforme, être soldat comme ça, ça m'allait, crédieu !

D'ailleurs, c'était pour défendre Paris ; on a eu les belles choses que vous savez : les factions aux fortifs, les queues à la porte des boulangers, et nom de dieu, la capitulation !

J'en ai pleuré, vrai !

Après, je me suis mis avec la Commune, j'ai redéfendu Paris, me suis foutu des trempes avec les Versaillais. Et j'ai eu la veine de ne pas être pigé.

De suite après, je me suis installé dans mon échoppe et tout en ressemelant les ripatons du quartier, j'ai politicaillé.

J'ai été successivement pour Thiers, pour Barodet, pour Gambetta, pour Clémenceau, pour Rochefort, pour Joffrin, pour Vaillant.

J'étais pour me foutre à la queue du cheval de Boulanger, quand j'ai réfléchi et me suis dit :

« Et, merde, on se fout de toi, mon vieux Peinard !

« T'as trimé toute ta vie ; t'as défendu ta patrie en 70 ; t'as fait tout ce que tu devais faire, et t'es toujours dans la mélasse.

« Tous les jean-foutre en qui tu as eu confiance t'ont foutu dedans, — faut pas continuer à faire le daim !

« On te raconte un tas de choses, on te promet plus de beurre que t'en pourras manger — et rien ne vient !

« Les réformes après lesquelles tu cours depuis que tu es au monde, c'est de la fouterie.

« Faut plus t'occuper d'élever des hommes au pouvoir, pour qu'ils te fassent des pieds de nez après.

« Faut faire ton bonheur toi-même ! »

Alors j'ai passé une grande revue de tout ce qu'il m'est arrivé, depuis que je roule ma bosse par le monde.

Je me suis vu, braillant à pleine gueule, sans raison, — après n'importe quoi !

Puis, après des réflecs à perdre haleine, j'ai repris mes sens, grâce à une bonne chopine, et j'ai conclu : « Faut faire ton bonheur toi-même !

« Le moyen, c'est un brin de chambardement qui vienne mettre les choses en l'état où elles devraient être. »

*
* *

Voilà, nom d'un foutre, ce que je dégoisais en 89. A cela, aujourd'hui, j'ai pas un *iota* à retirer !

Quand les jean-foutre de la haute ont vu que le caneton se développait, ils m'ont cherché pouille, — ils ont trouvé à qui parler ! grâce aux copains gérants qui ont paré leurs coups de surins légaux, le caneton a résisté.

Autre chose, le *Père Peinard* a eu une sacrée veine : un peu partout, dans les cambrousses, comme dans les grandes villes, il s'est trouvé des bons bougres à qui il a tapé dans l'œil. Et les gas lui ont donné un bath coup d'épaule !

C'est pas le tout, en effet, de pisser des tartines à tire-larigot.

Faut encore que ces tartines soient lues, mille bombes !

C'est à ça que se sont attelés les fistons. Et pourquoi donc se sont-ils tant grouillés ?

Parce que le père Peinard n'a pas froid aux châsses, mille marmites !

Parce qu'il gueule toutes les vérités qu'il sait ; même celles qui sont pas bonnes à dire ! Y en a qui vont jusqu'à affirmer qu'il a le caractère si mal bâti, que c'est surtout celles-là qu'il dégoise.

Et puis, parce qu'il y a autre chose, nom de dieu ! Si le père Peinard gueule dur et ferme, c'est pas par ambition personnelle : la politique... ouh là là, faut pas lui en parler !

Oui, voilà la grande binaise. Si les bons bougres gobent le père Peinard, c'est parce que le père Peinard est un bon bougre kif-kif à eux : il est resté prolo, tout en pissant des tartines, — et y a pas de pet qu'il fasse sa poire comme un daim.

Et, sacré tonnerre, il ne flanchera pas! Il continuera son petit bonhomme de chemin, cognant dur sur les exploiteurs, braillant ferme après tous les fumistes, criant à la chien-lit derrière les députés et les sénateurs.

Et ça, en attendant le grabuge final, où on foutra en capilotade toute cette racaille.

PRÉDICTIONS ANARCHOTES DE NOSTRADAMUS

Une lubie m'a passé par la caboche : « Père Peinard, que je me suis dit, puisque tu te fends d'un almanach et que tu lâches des prédictions, tu ne ferais pas mal de flairer ce que les prédictionneux de l'ancien temps avaient dans le ventre.»

Pour lors, j'ai voulu faire connaissance avec Nostradamus.

Ce bougre-là vivait y a quèque chose comme 350 ans : il était youtre de famille et natif de Marseille.

Ben oui, Marseillais! A preuve qu'il a vécu et cassé sa pipe à Salon, — petit patelin à un saut de puce de Marseille.

J'entends d'ici les débineurs : « Oh, alors, du moment que Nostradamus était de Marseille, rien d'épatant à ce qu'il fut astrologue et qu'il ait prédit l'avenir! »

Vous pensez bien, les camaros, c'est pas bibi qui va défendre Nostradamus. A mon avis c'était un sacré fumiste, — et il s'est carrément payé la tète de son monde.

De son métier, il était médecin, mais il lâcha le truc pour chercher la pierre philosophale et un tas de couillonnades aussi gondolantes. Il s'échauffa tant la caboche qu'il lui naquit une grosse araignée dans le plafond.

C'est à ce moment qu'il prédictionna.

A Salon, où il vivait, sans voir personne, kif-kif un ours, on ne coupait pas dans ses ragougnasses. Mais au loin, à l'autre bout de la France, ses prédictions avaient un succès faramineux.

Toujours la vieille balançoire, déjà véridique au temps où Jésus-Christ était garde-champêtre : « Nul n'est prophète en son pays! »

Il cassa sa pipe à Salon. Depuis, les mères-grand rabâchent que le bougre s'est fait claquemurer vivant dans son tombeau. La nuit venue, il dévisse sa boîte à dominos, frotte une allumette bougie, allume sa lampe à pétrole... et écrit de nouvelles prédictions !

Bondieu il pourrait bien arrêter les frais, car de son vivant il en pondit un assez gros tas.

Faut-il couper dans ses prédictions?
Evidemment non !

Y a à boire et à manger dans Nostradamus : chacun y trouve ce qu'il y cherche. Quoique ça, il est rigolot de noter les choses se rapportant aux événements arrivés depuis, sans y attacher un liard d'importance, — attendu que si Nostradamus a dit vrai une fois, il s'est foutu cinq cents fois le doigt dans l'œil.

Ainsi, il parle d'Arton, le grand marchand de chèques. Voici ce qu'il en dit :

D'ARTON, classe phalange pliera
Nombril du monde de plus grand voix subrogée

Saisissez-vous un sens dans cet amphigouri? Moi, non !... D'ailleurs, je ne cherche pas.

A un autre endroit, il annonce qu'en 1792, il y aura de grands cataclysmes sociaux: que rois, nobles et ratichons seront rudement chambardés.....

C'est arrivé comme il l'a dit, mille dieux !

Voici maintenant une platée de ses prédictions qui sont bougrement de saison :

XXIII

Les magistrats donneront leurs lois vaines
Fesse-Mathieu qui se fouitra bien d'eux
Les exilés rentreront dans les plaines
D'où Crucigère fuira comme merdeux.

CXIX

Coq Rouge de Jacques entonnera l'antienne
Si ne faut-il désespérer de rien :
Quand le Coq chante diable ne intervienne
Joseph au feu ne se morfondra bien.

CCLXV

Dedans les champs profiteront semailles
Si l'arrosez du sang de tous gredins ;
Grosses marmites couriendront à batailles
Foudre, tonnerre, et mille aultres engins.

DCII

Chiez sans peur que le dupast ne quique
Sur tous usurques et sur lacs et moulures
En l'an nonante et quatre et huit et maligne
Vendent dar galerne et galernides.

DCXIII

Se lèvera Plèbe pour son emprise
Déchassera de Lois les adhérens
Législateurs feront pleins de surprise
Comme vedec d'oysons le nez au vent.

Hé, hé, les bons bougres, c'est pas trop tocard !... Baste, restons-en la, laissons Nostradamus dans sa boite à dominos.

LA GRANDE CANULE MILITAIRE

« Quel malheur qu'on recrute les militaires parmi les civils ! » s'esclama Ramollot, un jour que l'absinthe ne lui travaillait pas trop les tripes.

Pour un coup, l'illustre colon s'est trouvé du même avis que le populo.

Tous les ans, quand on appelle les bleus à la caserne, — avec moins de politesse que les porchères n'en mettent pour rappeler leurs cochons, — y a quelques centaines de milliers de pauvres bougres qui, eux aussi, trouvent que le recrutement de l'armée dans le civil est une sale invention.

C'est qu'en effet, c'est pas rigolboche de plaquer son métier, son patelin, sa famille, pour aller se faire le bouledogue des richards !

Pendant les trois ans que dure cet esclavage on a bougrement le temps d'en endurer de toutes les couleurs... Qui sait même comment ça finira ? Les tuiles ne sont pas solides sur les toits des casernes, y a pas besoin qu'il vente fort, pour qu'elles pleuvent comme grêle sur le museau des troufions.

. .

Maudit jour, mille fois maudit ! Celui où les affiches ont annoncé le départ de la classe.

Le matin désigné, c'est tout un aria : en catimini, la mère glisse au nouveau troubade le maigre boursicot qu'elle a pu réunir à force de liarder.... quand elle a eu la veine de pouvoir ! Puis, c'est des bécots à la copine, gironde ou non, qui a eu ses premières embrassades... Tous les adieux faits, le cœur gros, plus gros que la musette, farcie par ceux qui l'aiment de provisions et de bricoles, — il s'en va sur la place du village, rejoindre les compagnons bientôt rivés à la même chaine.

Les bouteilles se débouchent, les caboches se montent, mais lentement, car personne n'engendre la gaieté.

Le tambour, un vieil abruti qui ne rate jamais une occase de se piquer le nez, y

Jamais rassasiée l'abominable Goule! Rude garce, madame Patrie :
elle mange ses enfants!

(Dessin paru en 1891 dans le n° 115 du *Père Peinard*.)

va d'un roulement; mossieu le maire débagouline un pallas patriotocard, ensuite, tambour battant, on déboule à la gare prochaine.

Tous auraient bougrement envie de pleurer, — mais, tous, ravalent leurs larmes, crainte que les camaros se payent leur fiole et aussi pour montrer qu'on est un homme.

A la gare, on embarque vivement; les pauvres fistons font une sale bobine : le trac de la discipline les rend gourds et patauds. Pour chasser les papillons noirs, on débouche les fioles : on pompe, on soiffe !... On liche d'abord sans trop se causer, en silence : puis, en s'épaississant, les langues se dégourdissent, la soulographie monte, — et avec elle son accompagnement logique, le patrouillotisme ! C'est des gueuleries à n'en plus finir; on hurle une tripatouillée de goualantes aussi idiotes que chauvines et l'on finit par débarquer, pleins comme des boudins, à la ville indiquée comme point de ralliement.

« Allons, en rangs, nom de dieu, et plus vite que ça ! beugle un sergent, un rengagé turellement. Qué qui m'a foutu des merles pareils ? Je vas vous foutre au pas, moi, nom de dieu ! ».

Les bleus tremblent sous les jappements du *biscuité* ; ils s'alignent tant bien que mal; le pied-de-banc les compte, les recompte, et finalement, les parque dans un coin, à un saut de puce de la buvette.

Tout à l'heure, un autre train doit amener d'autres bleus : ils arriveront également soûls, seront également bousculés, comptés et recomptés et pour finir, parqués dans un coin, toujours à portée de la buvette, — en attendant les suivants.

Entre chaque train on fait connaissance, on pelote le sergent, qui, bientôt aussi plein que son détachement tout entier, aboie plus fort que jamais.

Enfin, cré pétard, on finit par être au complet ! On vous compte une dernière fois, — celle-là en présence d'un officier.

« En avant, arche ! » Poussés par les gradés, les bleus font tant bien que mal ce qu'on leur commande et le troupeau se dirige vers la caserne.

Quelquefois la route est encore longue, la caserne étant dehors la ville; l'officemar fait alors le bon apôtre : « Allons, les enfants, un brin de gaieté, une chanson ! pour relever le pas. »

Méfiance, les camaros, ne goualez que des trouducuteries, sinon, gare...

Ceci est arrivé en 1891, au contingent de Roubaix : il contenait pas mal de socialos qui avaient préféré avaler un an de bagne que de se tirefluter en Belgique.

A l'invitation du traîne-sabre, les gas entonnèrent la *Carmagnole*; le pas se releva, le galonnard paraissait boire du lait. Après la *Carmagnole*, le *Père Peinard*, puis une autre... enfin tout le répertoire révolutionnaire y passa.

Jusqu'à la caserne, ça marcha comme sur des roulettes, mais aussitôt arrivés, on en foutit une douzaine au bloc, et ils prirent ainsi leur première leçon de militarisme.

*

« Chaque soldat a dans sa giberne son bâton de maréchal ! » Ah, la belle fumisterie, quelle sacrée blague !

En fouillant dans sa giberne, le troubade ne dégottera jamais que des nuits de salle de police, des jours de prison, et, au fond, — tellement au fond qu'il n'y a d'abord pas mèche de le voir : le jour de sa libération, *la classe !* comme on dit à la caserne.

La classe ! après laquelle soupire le pauvre bleu pendant qu'on l'habille;

La classe ! qu'il réclame tout bas lorsque, sortant du magasin, il ne sait que foutre de ces frusques incommodes, dégueulasses, et taillées à coups de sabre qu'on lui a collées sur les bras.

La classe ! ce cri retentit, toujours et toujours, à propos de bottes ou à propos de rien, d'un bout à l'autre de la caserne.

Avant et après l'exercice, s'il fait chaud, s'il fait froid, à la chambrée, à la cantine, au corps de garde, partout et partout, à perpète !... retentit la rengaine, qui est à la fois une espérance et une protestation contre le métier militaire : La classe! La classe! La classe!... On n'entend que ça.

* *

Y en aurait pour six semaines, s'il me fallait jacasser par le menu toutes les imbécillités de la caserne. Je vas me contenter d'en dire quelques mots ; simplement pour donner un avant-goût aux fistons des chieries qui leur pendent au nez. Y a mèche de diviser ces idiotes gnoleries en deux parts :

Primo, les unes sont destinées à justifier, aux yeux des jobards, la nécessité de l'armée. Si, en effet, il était trop visible que son unique fonction est de protéger le saint-frusquin des richards et des gouvernants, y aurait rien de fait : on lui tournerait le cul illico.

Deuxièmo, l'autre part a pour but de couper la chique à toute initiative chez le soldat, de détendre son grand ressort, de le masturber, de l'abrutir, afin d'en faire une mécanique (aux tomates jusqu'au bout des ongles), manœuvrant au doigt et à l'œil des gradés, et ne refoulant devant aucune putain de besogne.

Le truffard, même intelligent, se plie sans trop de rouspétance aux premières : exercices, gardes, travaux de propreté,... ça le canule dur, bondieu! Mais enfin, ça lui paraît la conséquence tellement inévitable du sacré métier qu'il subit, qu'il en prend son parti assez facilement.

Mais, mille pétards, allez donc faire avaler à un jeune bougre, pas tout à fait idiot, qu'il doit cirer la semelle de ses croquenots?

Que son plumard doit être confectionné le jour, de telle façon que, le soir venu, y a pas plan de se coucher sans être obligé de le dépioter et de le refaire en entier ?

Allez donc lui ingurgiter que c'est un crime de ployer son pantalon rouge sur sa veste veste bleu, parce que le règlement exige que la veste bleue soit ployée sur le grimpant rouge ?

Allez donc lui faire couper que c'est

pour que sa charge ne l'esquinte pas trop en campagne, qu'on lui ordonne de n'avoir que cinq aiguilles dans sa trousse? S'il en a une sixième, malheur de malheur, qu'il la cache vivement, sinon gare !

Comment diantre le persuader qu'il est l'inférieur d'une brute imbibée d'alcool, parce que cette brute a des galons sur la manche?

Et faites lui donc saisir qu'il est d'absolue nécessité qu'il plaque copains et copines et se ramène dar-dar, au bagne, — tout ça, parce quelques abrutis font, par ordre, « plan, plan, plan, rantamplan » ou « turlututu » dans la rue, à neuf heures du soir?

Voilà cependant ce qu'on exige de chacun à la caserne. Et foutre, j'en passe, — et des plus loufoques, nom de dieu !

La plupart, en attendant la classe, courbent l'échine, subissent les avanies, se résignent tant bien que mal.

Quelques-uns ne peuvent pas, mille dieux! Ceux-là, les conseils de corps ou les conseils de guerre les agrippent et on les embarque aux compagnies de discipline ou dans les ateliers de pénitenciers ou de travaux publics.

Là, y a pas, on est sous la coupe absolue des gradés, on est soumis à toutes leurs fantasias. Et quelles sales culottes de peau on a sur le râble! Ceux-là sont encore plus tourtes, encore plus soulauds, encore plus crapules que les autres...., qui cependant le sont bougrement!

N'importe! Comme on y fait moins d'exercices, comme on prend un peu moins au pied de la lettre toutes les niguedouilleries détaillées plus haut, y a des bougres, ayant tâté des deux, qui disent qu'il est préférable d'être là que dans un corps régulier. Et cela, malgré les infâmes canailleries qui s'y passent!

Ainsi, un chouette zigue, qui y a mis les quatre doigts et le pouce, me raconte qu'au Sénégal, par des chaleurs à durcir les œufs au cul des poules, on les avait bouclés à 32 dans une cassine ou 20 auraient pu se tasser avec peine. Pour mieux les mâter, on les avait rationnés à une livre et demie de pain, — la famine, ils l'enduraient encore; mais, ce qui surpassait tout, c'était la soif : on collait à chacun, juste un demi-litre de sirop de grenouille pour la journée.

Un jour, tirant la langue comme des pendus, pour avoir quelques bols d'air, ils défoncèrent une planche qui bouchait leur fenêtre. Illico, les caporaux et les sergents les firent sortir un à un, sous la menace des flingots, chargés et braqués. Puis, on les colla à la crapaudine, et ils y restèrent vingt-quatre heures, sans boire ni manger! Afin de grandir leur supplice, un sale porc de sergent venait licher ses absinthes et gueuletonner devant ces affamés et assoiffés, — et pour mieux se payer leur fiole, la vache leur envoyait des boniments dégueulasses....

Malheureusement, au pénitencier et aux travaux publics, le temps ne compte pas! Le zigue en question, y a connu en 1866, un nommé Dupuis, de Lyon, qui était aux travaux publics *depuis... 1849!!!*

Aux compagnies de discipline le temps compte, nom d'un foutre! Et Biribi a ça de bon, c'est qu'on n'est pas exposé à massacrer ses amis de la veille, ou ses copains de demain. Par exemple, comme compensation, on a des chances d'étriper les Négrots ou les Arbis, avec les armes nouvelles et perfectionnées qui « feront merveille » aux Ricamarie et aux Fourmies de l'avenir.

*
* *

Et dire qu'il suffirait d'une classe, d'une seule! pour en finir avec toutes ces horreurs!

Qu'une classe, rien qu'une, mille pétards! ait assez de jugeotte et de cœur au ventre, pour faire la grève des conscrits. — qu'une classe... quéque je dis? — que la moitié d'une classe, le quart même, foute la frontière entre elle et la caserne.. Que tous ces bougres à poil s'esbignent en Espagne, en Italie, en Suisse, en Belgique ou en Angleterre, et le militarisme aurait vécu : il casserait sa pipe comme une merde!

Pas même ça, charogne de sort! Que seulement les fistons d'attaque tirent à cul, qu'ils posent leur chique et fassent les morts : qu'au lieu de radiner à la caserne de bon gré, ils s'y fassent trimballer par les pandores.

Mince d'embrouillamini! Où pigerait-on assez de charpentiers-à-Carnot pour embarquer les récalcitrants? Keluquez un bougre qui rouspète, et ne veut pas se laisser emmener : pour le trimballer faut au moins deux ou trois sergots ou gendarmes... Or, comme y a moins de pestailles que de bons bougres, on voit d'ici où on arriverait vivement!

Mais, supposons les gas à la caserne : une fois là, qu'ils refoulent à toute besogne, avec prudence, sans même avoir besoin de faire d'arias, de violences, ni risquer le paquet... En un rien de temps, la faiblesse et le petit nombre des galonnards, vis-à-vis des troubades, seraient foutus en lumière.

Le militarisme, c'est une grosse horloge dont les gradés sont les rouages et les troubades les poids. Les truffards tirant à cul, ça ferait kif-kif une horloge dont on décroche les poids : le militarisme cesserait de fonctionner et coulerait à l'égout!...

Les bourgeois le savent bien, nom d'une pipe! Aussi, ils ont empesté les écoles de bouquins serinant l'amour de la pâitrie, le respect de la mère Loi. On prend les mômes au biberon, et aïe donc, en avant la gaveuse! Sans jamais une minute de répit on les emplit de ces ragougnasses puantes. Si bien, qu'à vingt ans, les enfants devenus des hommes, ont les boyaux de la tête engorgés de préjugés. Ils partent, sans entrain il est vrai, — mais foutre, ils partent à la caserne, — et c'est le principal!

Et les papas, à cause qu'ils ont leur fiston sous le torchon tricolore, se foutent à faire des magnes et à soutenir l'armée.

Ah, mille marmites, pour quand la classe?... La vraie classe : le grand chambardement général qui foutra tout ça en l'air!

La Ravachole

AIR DE LA *Carmagnole* ET DU *Ça Ira*

I	II
Dans la grand' ville de Paris, (*bis*) Il y a des bourgeois bien nourris. (*bis*) Il y a les miséreux Qui ont le ventre creux : Ceux-là ont les dents longues, Vive le son, vive le son, Ceux-là ont les dents longues, Vive le son D'l'explosion !	Il y a les magistrats vendus, (*bis*) Il y a les financiers ventrus, (*bis*) Il y a les argousins. Mais pour tous ces coquins Il y a d'la dynamite, Vive le son, vive le son, Il y a d'la dynamite, Vive le son D'l'explosion !

REFRAIN (col. I) :

Dansons la Ravachole.
Vive le son, vive le son,
Dansons la Ravachole,
Vive le son,
D'l'explosion !
Ah, ça ira, ça ira, ça ira,
Tous les bourgeois goût'ront d'la bombe,
Ah, ça ira, ça ira, ça ira,
Tous les bourgeois on les saut'ra...
On les saut'ra !

(Au refrain.)

III

Il y a les sénateurs gâteux, (*bis*)
Il y a les députés véreux, (*bis*)
Il y a les généraux,
Assassins et bourreaux,
Bouchers en uniforme,
Vive le son, vive le son,
Bouchers en uniforme,
Vive le son
D'l'explosion !

(Au refrain.)

IV

Il y a les hôtels des richards, (*bis*)
Tandis que les pauvres dèchards, (*bis*)
　　A demi-morts de froid
　　Et soufflant dans leurs doigts,
　　Refilent la comète,
　　Vive le son, vive le son,
　　Refilent la comète,
　　　Vive le son
　　　D'l'explosion !

(*Au refrain.*)

V

Ah, nom de dieu, faut en finir ! (*bis*)
Assez longtemps geindre et souffrir ! (*bis*)
　　Pas de guerre à moitié !
　　Plus de lâche pitié !
　　Mort à la bourgeoisie,
　　Vive le son, vive le son,
　　Mort à la bourgeoisie,
　　　Vive le son
　　　D'l'explosion !

(*Au refrain.*)

HISTOIRE D'UN GOSSE ET D'UN ŒUF ROUGE

Un soir que la lune clignait de l'œil, et que les becs de gaz ouvraient le leur, il pouvait être huit plombes. — un gosse d'une treizaine d'années chipe un œuf rouge à la devanture d'une fruitière.

Ça se passait rue de la Goutte d'Or.

Pouf ! Voilà que la marchande, assez maline, fout le grappin sur le petit gas. Puis, sans faire ni une ni deux, elle envoie chercher un sergot et le fait emballer.

Tout d'abord quelques types s'arrêtent, échangent leurs réflectionnements : « Tenez, la marchande, que fait un bon bougre, voilà dix ronds pour votre œuf, ne rouspétez plus et laissez le môme tranquille. »

Ah, mais non ! Elle voulait un exemple, la garce. La loi n'est pas faite pour les chiens. À preuve qu'on ne les fourre jamais au violon : ils peuvent chopper de la bidoche à l'étal des bouchers, sans craindre la prison, — tout ce qu'ils risquent, c'est un coup de trique ou un coup de soulier dans les fesses, s'ils sont assez gnian-gnian pour se laisser piper sur le tas.

Or donc, la loi n'étant pas faite pour les cabots, faut que les loupiots respectent la propriété. « Surtout la mienne ! » braillait la marchande. « Et puis, qu'elle ajoutait, ça fera du bien à cette petite vermine de coucher au poste, ça lui inculquera le respect de la loi. »

Ouiche, qué sale raisonnement ! M'est avis que, d'entrer en relations avec les pestailles, les jugeurs et les piliers de prison, ça vous donne le dégoût de ces chameaux, et ça augmente votre haine contre les horreurs sociales... Mais, passons.

Comme de juste, tout cela avait fait du pétard. C'était l'heure où les prolos se ramènent des bagnes, et les ménagères, leur journée finie, faisaient leurs emplettes.

C'est dire qu'il y avait du populo dans la rue ; aussi, en un rien de temps, deux cents bons bougres étaient attroupés autour de la boutique de la sale garce.

Ah, nom de dieu, ce qu'on te lui lava la tête !

« Cochonne, cochonne, pour un œuf rouge, faire emballer un gosse, si ce n'est pas honteux ! »

Et on ne parlait rien moins que de chambarder un brin son bazar, ce qui prouve que le populo est moins avachi qu'on ne le prétend.

Le malheur, c'est que la plupart des prolos ne voient pas où le bât les blesse ; les grosses légumes ont tellement de roublardise pour nous embistrouiller qu'on ne distingue pas le blanc du noir.

RAVACHOL

Ah, mille petites marmites, si on n'avait pas la caboche farcie de préjugés, ça ronflerait bougrement, car ce n'est pas la moëlle qui nous manque.

Devant la rouspétance du populo, la fruitière serra les fesses, les sergots se firent câlins et le petit gas fut relâché.

Il raconta son histoire en pleurnichant : le père étant sans turbin, le pain était rare à la maison ;... les joues rouges des œufs durs lui avaient mis l'eau à la bouche... et il avait allongé la patte !

Pour lors, les dix ronds qu'un chouette fieu avait, de prime abord, offerts à la marchande furent mis dans le creux de la main du petiot, — et ce ne fut pas tout : plus d'une bonne bougresse y ajouta quelques pétards.

Quant à la fruitière, honteuse de sa salopise, elle n'osa pas reprendre son œuf : à être garce elle perdit donc son œuf, plus les dix sous qu'on lui avait offert, — et comme compensation, ne gagna que le mépris des voisins.

Turellement, il se trouva bien quelques birbes pour ronchonner ; les couillons étaient pour le respect de la propriété, quand même ; ils voulaient même de la religion, pas pour les grandes personnes, rien que pour les mômes : car la religion crétine apprend aux enfants à ne pas chiper d'œufs rouges. Sur ce, un zigue très à la roue leur coupa la chique, chouettement :

— Dans ma religion, qu'il leur dit, c'est pas comme dans la religion crétine : quand un gosse vole un œuf, on ne le fout pas en prison.

— Ah, qu'est-ce qu'on lui fait donc ?

— On lui donne un quignon de pain pour bouffer avec l'œuf, et un verre de vin pour faire descendre le bricheton !

Pas besoin d'ajouter que le bougre était anarcho, et que sa religion est religieuse au bout d'une fourche.

ÇA VIENDRA !

Ah ! nom de dieu ! C'est temps qu'i' vienne,
Le jour où les gueux mangeront ;
Ousque y aura des assiet's pleines,
Mêm' pour les ceux qui n'ont pas l'rond !
Les députés, les Henri quatre
Avaient promis la poule au pot
Tas d'farceurs ! Nous faut en rabattre.
Quoi qu'ils nous ont donné ? — d'la peau !

On a l'vent' creux depuis des siècles ;
On pionc'rait bien dans un plumard ;
Si seul'ment y avait du pain d'seigle
Pour les gas qui vont su' l'trimard !
Les ch'mins sont grands ; la terre est ronde ;
On peut marcher longtemps d'vant soi ;
Mais si t'as rien dans ta profonde,
Tu n'arriv'ras jamais chez toi.

Le front tourné vers les étoiles,
Celui qui dort dans un fossé
S'dit : « Merd' ! j'aim'rais mieux des draps d'
— Paraît qu'il a l'jug'ment faussé. [toile. »
Toutes misèr's sont poétiques :
Ça fait vivre les écrivains ;
Quand i' meurt un vieux famélique,
Les bourgeois trouv'nt du goût au pain.

Ils disaient : « Plus de rois ! plus d'princes ! »
Ils ont grifouillé LIBERTÉ.
Sur les murs des prisons   ah ! mince !
ÉGALITÉ, FRATERNITÉ.
Ils disaient : « Le peuple est le maître
De s'donner des maîtr's à son goût. »
Dans c' mic-mac, comment s'y r'connaître ?
— Ah ! nom de dieu ! c'est un sal' coup !

Mon pauv' vieux, c'était pas la peine
De foutre les Bastill' à bas,
Si t'es toujours dans la déveine
Quand les aut' arrondiss' leurs bas.
Mais à la fin faudra qu' ça pète :
On y cass'ra le grand ressort.
Ça peut pas durer à perpète,
Chambardons, on verra c' qu'en sort !

Un soir chantera le Coq Rouge
Éployant ses ailes de feu ;
De la mine, des bois, des bourgs,
Surgiront fiers, les miséreux.
Et devant ces lueurs de rêve,
Les bourgeois alors comprendront
Que c'est l'aurore qui se lève
Du jour où les gueux mangeront.

LE LOUP ET L'AGNEAU

La raison du plus fort est toujours la meilleure!

C'est pas bibi qui a trouvé ça. Nom de dieu, non!

Le zigue qui a accouché de la chose a cassé sa pipe y a beau temps. C'était un bonhomme baptisé La Fontaine. Au lieu d'eau claire, il pissait des fables, qui malgré leur âge, ne sont pas encore piquées des vers et ne sentent pas le moisi.

Le faiseur de fables suce les pissenlits par la racine depuis une kyrielle d'années. Hélas, la terre a eu beau tourner, ça n'a pas changé! Aujourd'hui comme à son époque,

La raison du plus fort est toujours la meilleure!

Sans poser ma chique, je vas en donner la preuve illico :

Dans une caserne y avait un pauvre bougre de truffard, se faisant dix fois plus de bile qu'une croûte derrière une malle. Quoiqu'on ne fut pas à la saison du choléra, il avait une chiasse terrible.

Comme ça le travaillait salement, il s'esbigne dar-dar de la chambrée, se cavalant du côté du trou noir, ousqu'on écrit au pape.

Mince de déveine! Il se casse le nez contre le commandant qui, turellement, rageait comme un salaud, — à tel point que, dans sa furie, il avait consigné tout le quartier.

« Serognieugnieu! Ousqu'il va celui-là?

— Mon co.... con.... commandant....

— Taisez-vous, scrédieu!.... qui m'a foutu...., vous fourre dedans, moi, savez-vous.... Eune réponse : ousque vous allez?

— Mon co.... con... commandant.... j'ai.... un besoin....

— De quoi!.... Un besoin?.... Connais ça, moi!.... Avez vendu le balai de la chambrée, pour boire la goutte...., fricotteur, vous...., fricotteur!

— C'est pas ça, mon co.... mmandant...., suis malade.

— Il répond, celui-là!... Bougre de merlan,... insolent,... fout'dedans, moi!»

Un caporal passe, le galonnard l'appelle, gesticulant comme trente-six maboules.

« Serognieugnieu! Foutez cet homme dedans. Qui m'a fichu,... insolent pareil.... veut pas remonter chambrée! »

Le pousse-cailloux n'y tenant plus, se relâche de partout. Et dam, ça ne sentait pas l'oranger.

Le commandant renifle, et comme il était bien né, il en prend plus avec son tube qu'avec une pelle.

« Serognieugnieu!... Qui qu'a chié par ici? C'est vous, bougre de bougre,... cochon?

« Caporal, vous y porterez le motif à cet animal cochon... Vous comprenez... sérieux ça!... Détériorer les effets du gouvernement... quitté chambrée malgré la consigne!... Et pourquoi, scrognieugnieu? Pour venir faire ses ordures devant son supérieur!

— Mon co... con... commandant.... »

Plus mort que vif, le pauvre troubade n'en pouvait plus souffler. Tout en bredouillant, il porte la main à son ventre; chose naturelle, quand on a la trouille.

Du coup, la vieille baderne s'emballe et rouspète plus fort que jamais :

« De quoi! Quoi que je vois?... gestes inconvenants!... caporal, joutez ça au motif « avoir taillé une basane à son supérieur... » Foutez-le dedans,... vivement, mille dieux, me charge de son affaire, moi!... »

Et le pauvre bougre, les fesses embarbouillées de mouscaille suit, plus mort que vif, le caporal, et s'en va ruminer à la boîte sur le boniment de La Fontaine :

La raison du plus fort est toujours la meilleure!

. . . .

Heu, heu ! C'est y bien vrai, ça ? Le plus fort, c'est y le commandant, ou bien les centaines de types qu'il fait marcher à la baguette ?

Foutre de foutre ! S'ils voulaient, en deux temps et trois mouvements, les agneaux écharperaient les soi-disant loups.

Ils n'en feraient qu'une bouchée, tonnerre de brest !

LES BONS BRIGANDS FIN-DE-SIÈCLE

Dans l'ancien temps l'origine des fortunes s'apercevait mieux qu'aujourd'hui. Les bons bougres qui s'avisaient de réfléchir savaient que les seigneurs et les ratichons ne devaient leur saint-frusquin qu'au chapardage et aux invasions.

Les gas dont le cœur battait ferme entre les côtes se foutaient en révolte. Formés en bandes, toujours prêtes aux coups de torchon, ils dévalisaient les diligences, ratiboisaient le pognon de l'Etat, déquillaient les gendarmes, s'emparaient des villes.

C'était les bandits ! Aussi bons fieus pour les mistoufliers, que rosses avec les grosses légumes, ils distribuaient aux pauvres gens une bonne part des richesses qu'ils escamotaient aux matadors.

Turellement, le populo les avait à la bonne !

Pas de danger qu'un campluchard dénonçât leur gîte. Au contraire, il leur faisait signe quand la maréchaussée manigançait une salopise contre eux.

Des bandits, chez les Angliches y en a eu des tripotées, et c'est à force de crapuleries que la gouvernance, aidée des curés, a fait disparaître cette bonne graine. Y a des quantités de goualantes, là bas, qui vantent les coups de main de Robin Hood.

Celui-là perchait dans les forêts. Ses flèches pointues piquaient le lard des seigneurs. Il avait de belles cordes pour pendre les richards et des trucs épatants pour piller les châteaux.

En France, aussi, on a vu des zigues pareils : Mandrin, Cartouche, etc... On connaît leur histoire. On sait la frousse qu'ils foutaient aux richards, et combien ils étaient dans les papiers du populo.

Mandrin surtout est devenu légendaire. Le Dauphiné, le Lyonnais, l'Auvergne, la Pro-vence ont été le théâtre de ses riches coups... Mais, à côté de celui-là, y a dans chaque patelin un bandit dont on raconte les hauts faits à la veillée.

Que je dise aux aminches, une histoire que j'ai entendue dans les montagnes de l'Auvergne, au temps où je trimardais :

En ce temps là, y avait entre le village en question et la ville, à un endroit tout à fait désert appelé « les Foulanges », un voleur à la ceale, qui foutait le trac aux richards.

Les gendarmes étaient toujours à ses trousses, sans jamais l'arquepincer.

Voilà qu'un jour de marché, une vieille bonne femme ayant eu des histoires avec un homme d'affaires, allait à la ville abouler à ce sale type, gros richard du pays, 63 francs et quelques sous.

Ces 63 balles, elle les avait déjà payées ; malheureusement, elle avait perdu le reçu, et le richard qui était un homme d'ordre, profitait de l'occase pour la faire casquer une seconde fois.

Il lui avait fallu, à la pauvre femme, en vendre des douzaines d'œufs, pour empiler 63 pièces de vingt sous ! Enfin, elle y était arrivée, en se privant de tout, en ne s'achetant pas la moindre bricole : aussi elle était dépenaillée, que ça faisait pitié.

Sur la route, elle rencontre un type qui allait aussi au marché. Dam, la vieille et l'homme se foutirent à jacasser.

Je suis bien contente de vous trouver, pour faire chemin ensemble, qu'elle dit en patois. Car, voyez-vous, j'ai peur que le voleur des Foulanges me prenne mes 63 francs : demain on vendrait ma maisonnette, mes poules et mes deux brebis. Il me faudrait mendier et

LAMELA — ZARZUELA — BUSIQUI — LEBRIJANO

coucher où je pourrais !… Et tout ça, parce que j'ai perdu mon reçu.

— Comment, fait l'homme, c'est y dieu possible, ce que vous dites?

— Eh oui, quoiqu'il vous en semble, c'est comme ça…

Et la bonne femme de raconter son histoire, que tout le village connaissait.

Ils arrivent enfin à la ville, les croquenots tout blancs de poussière; en se quittant, la vieille promet à son compagnon un pater, tout ce qu'elle pouvait donner, pour le remercier de l'avoir accompagnée et sauvée du voleur des Foulanges.

— Gardez votre pater, la vieille, je m'en fous !… » Et là-dessus, l'homme entre dans une auberge où les paysans faisaient un potin du diable en lichant des pintes de vin.

…… Le soir, la bonne femme s'en retournait toute seule; elle n'avait plus peur ! Les 63 francs, c'était l'homme d'affaires qui les avait. Quant au reçu, elle l'avait piqué à sa grosse chemise avec une épingle, sur sa poitrine; et elle' le tâtait de temps à autre.

Le soleil, fermant son gros œil, se préparait à pioncer. A un détour du chemin, sur un rocher, elle reluque un grand diable d'homme; quoique n'ayant plus un radis, elle eut froid dans le dos : « Le voleur des Foulanges! » qu'elle se dit, et ses cheveux blancs de se raidir comme des baguettes de tambour.

— Ah, c'est vous l'homme, qu'elle fait en reconnaissant son compagnon du matin, vous m'avez fait autant de peur que si j'avais vu le loup; j'ai cru que c'était le voleur des Foulanges.

— Hé, la vieille, voilà vos 63 francs, votre crapule d'homme d'affaires me les a rendus… Et vous savez, le voleur des Foulanges n'aime pas les paters.

Et d'un bond de cabri, il déguerpissait. Vous dire la gueule de la bonne femme, c'est pas la peine.

—o—

Comme vous le voyez, les camaros, le voleur des Foulanges n'était pas un mauvais fieu. Mais il était dit que la maréchaussée foutrait le grappin sur lui, — en traîtrise comme toujours, quand ces vaches ont affaire à un type à la redresse.

Oui, il était trop confiant, et un aubergiste, pour palper la grosse somme, le dénonça.

Par une nuit sans lune, les pandores rappliquèrent et le trouvèrent se chauffant les guêtres à la cheminée, son brûle-gueule aux dents. Houp! Il saute sur son fusil: Trop tard, sang-dieu ! Il pousse un cri et tombe la tête ouverte. C'est l'aubergiste qui, d'un coup de landier, venait de l'assommer…

La mort du gas fut une vraie désolation dans la contrée. Les campluchards commencèrent par fiche en interdit l'auberge du crime. Dès lors, quand par hasard il y entrait quelqu'un, c'était un étranger, ignorant tout ce sale fourbi. Bientôt la vie fut intenable pour le chourineur. S'il mettait la gueule dehors, un concert de huées et une grêle de cailloux le forçaient à rentrer. Un matin, en entrant dans sa cave, il s'aperçut qu'il avait du vin jusqu'aux genoux : pendant la nuit on lui avait ouvert tous les robinets. Enfin, le Coq Rouge chanta sur sa cambuse qui fut réduite en cendres. Bref, le salaud dut transporter sa charogne à cinquante lieues de là… Bon débarras.

Quant au « voleur des Foulanges », il fut enterré dans un coin non bénit du cimetière. — Ça, il s'en foutait dans les grandes largeurs! Il avait trop souvent raflé les trésors des ratichons et des capucinières, pour tenir à être goupillonné après décès.

Mais, une vingtaine d'années plus tard, le conseil cipal, qui par extraordinaire était à la hauteur, se dit qu'en somme ce terrible malfaiteur avait été un bon zigue, secourable aux miséreux et dur aux richards, — et on planta sur sa tombe les fleurs les plus mirobolantes. Maintenant encore, ce qu'il suce par la racine, ce n'est pas des pissenlits; c'est des rosiers, des géraniums et des lilas.

—o—

Heureusement, la race de ces grands brigands n'est pas tout à fait morte. Y en a encore pas mal en Turquie (Athanase, entre autres), et quelques-uns en Espagne et en Italie. Juste au moment où je grifouille le flanche, j'apprends deux riches coups qui viennent de se faire en Sicile.

Primo. — Aux environs de Cirgenti, une bande de bons lascars s'empare d'un convoi de mules. Puis, on se tire dans un château, on fait passer le goût de la brioche au proprio qui, depuis des temps, affamait toute la contrée; on charge sur les bourricots tout ce qu'il y avait de précieux dans la turne, — et hue! au grand trot!

Deuxième. — Une vingtaine de bougres, armés de clarinettes à répétition, de rigolos et de poignards, s'introduisirent dans le jardin du banquier Pulvérenti, à un saut de puce de Paterno, et y paument les deux héritiers de j'animal. Quand ils ont tenu ce beau gibier, ils ont écrit au paternel, demandant cent mille balles de rançon. La babillarde débutait ainsi :

« Tu as exploité jusqu'à plus soif les pauvres diables ; le moment est venu de dégorger une petiote part de ce que tu leur as barbotté... » Les conditions suivaient : l'estrangouillement des deux morceaux de salé, si le papa ne carmait pas.

Le banquier renaudait ferme, nom de dieu ! Il a foutu la rousse en chasse, mais bastha ! les brigands étaient précautionneux. S'il n'eut craint les débinages, il aurait sacrifié ses deux héritiers... La mort dans l'âme, il s'est décidé à leur sauver la mise, et à verser la belle monouille.

—o—

Les cambrioleurs de notre époque n'ont plus ces galbeuses façons : ils sont trop égoïstes et ne s'attaquent pas assez aux riches, — aussi, y a pas à dire, ils sont mal vus du populo.

Y en a qui font exception, ça c'est vrai.

Mais beaucoup trouvent plus commode de dévaliser les logements dont les habitant sont à leur turbin ; ceux-là sont des bourgeois en herbe et des mufles.

Le temps des diligences est passé, — c'est pas une raison pour foutre à sac les mansardes.

Mille marmites, puisque je suis en passe de prédictionner, que j'y aille tout du long, — voici ce que je flaire à l'horizon :

M'est avis que le beau, le grand, le rupin banditisme, va revenir à la mode... Oui, le réveil de l'initiative individuelle, la haine croissante contre les idées de propriété et d'autorité, la mistoufle toujours en progrès, — tout ça aura pour effet de lui refoutre de la vigueur.

Les gas ayant plein le cul de toute discipline, en pinçant pour les avaros et les aventures, voudront réagir, de vive lutte, contre les gnoleries de la société qui les étouffe bêtassement. Oui, cré tonnerre, dans le populo y aura des bougres râblés qui se foutront dans le banditisme par amour de l'art ; histoire de prouver leur audace et leur nerf, en attendant de pouvoir foutre en jeu, à la bonne franquette, leurs riches qualités, grâce à la Sociale anarchote.

...... Et comme le populo verra que l'intérêt guide moins les lascars que l'envie de faire la guerre aux capitalos, il les aura à la bonne.

Les diligences ne sont plus de saison ? Eh bien, les brigands fin-de-siècle arrêteront les chemins de fer.

Quéque je dis ? Nous n'avons pas à poireauter pour voir le tableau : on les arrête déjà ! En Italie on a arrêté la Malle des Indes et aux Etats-Unis les trains qui font la navette entre New-York et San-Francisco ont parfois des surprises désagréables.

Ça semble espatrouillant, y a pourtant rien de bien malin : tout le monde sait qu'en vue des anicroches il suffit de poser des pétards pour que le train s'arrête...

Les lascars useront du truc ; ils colleront des pétards au bon endroit, et le train obéissant se jettera dans leurs bras.

Le reste n'est que de la gnognotte : avec bougrement de politesse ils passeront la visite sanitaire des voyageurs de première et de wagons-lits qui ont généralement le gousset bombé et la malle bien fournie.

Pour ce qui est des voyageurs de troisième, ils pourront naviguer en paix. Au contraire, s'il s'en trouve dans la panade, c'est avec plaisir que les bons bandits fin-de-siècle les tireront de ce guêpier.

JABOTAGE ENTRE BIBI ET UN FISTON

LE FISTON. — Père Peinard, j'ai quelques expliques à te demander. Et d'abord, pourquoi les anarchos s'appellent-ils *compagnons*, et non simplement *citoyens* ?

BIBI. — Des citoyens sont des types qui perchent dans le même patelin « la même cité » comme disaient les Romains. Conséquemment des citoyens peuvent être divisés d'intérêts. Ainsi, le roi des Grinches, Rothschild, est un citoyen de Paris... Tandis qu'un compagnon est un bon bougre de prolo, un bon fieu avec qui on partage son pain et ses misères, avec qui on est en communauté d'idées, d'espoirs et de besoins, — c'est un copain ! avec qui on marche la main dans la main.

En outre, le mot citoyen implique une idée

politicarde et gouvernementale, avec toute la ragougnasse à la clé : ambitions, députations, maquereautages.

LE FISTON. — Saisi! Mais, tu viens de parler de *Politique*; les anarchos ont donc bien le truc dans le nez?

BIBI. — Tu l'as dit : ils en ont une horreur faramineuse. La Politique c'est tout l'opposé du Socialisme : c'est l'art d'embistrouiller le populo, de lui faire avaler des couleuvres, de le mener par le bout du nez, de l'abrutir, de le mater s'il se rebiffe... tout ça s'exprime d'un seul mot : *gouverner!*

LE FISTON. — Ainsi d'après toi, le Socialisme où l'on mélange la Politique n'est pas bon teint?

BIBI. — Foutre non! Parmi les socialos politicards, il peut y avoir des cocos qui ont de l'honnêteté, mais qué que ça prouve? Rien, sinon qu'ils manquent de flair. Y a des types qui pourraient écraser 36,000 étrons, pétrir la mouscaille de leurs dix doigts... parce qu'ils ne sentiront rien, c'est y une preuve que ça ne pue pas?

Vois-tu, à bien reluquer, y a dans la garce de société actuelle que deux camps bien tranchés : les *Autoritaires* d'un côté, les *Libertaires* de l'autre.

Les *Autoritaires* veulent conserver ce qui existe et tenir le populo sous leur coupe. Ils varient bougrement de couleur des uns aux autres : des fois même, ils se chamaillent, — mais en fin de compte, ils se rapapillotent sur le dos des prolos.

Les uns, réacs pur sang, trouvent que c'est pas suffisant de conserver ce qui existe, aussi en pincent-ils pour aller à reculons : si on les écoutait on reviendrait d'abord à l'ancien régime, puis à l'esclavage... A force de reculer, ces jean-foutre nous ramèneraient à la sauvagerie : au temps où les hommes se bouffaient entre eux, à la croque-sel, et en fait de légumes mangeaient de l'herbe.

Après cette racaille viennent les opportunards et les radigaleux : ceux-là ne veulent rien changer à la mécanique sociale; tout au plus sont-ils d'avis que de temps à autre on répare les chiottes et nettoie les cuvettes où les bouffe-galette, les richards et les patrons foirent et dégueulent.

A la queue de tous, fermant le cortège des Autoritaires, s'amènent les socialos à la manque; ils prétendent rafistoler la guimbarde, la rendre habitable au populo. Dans le tas y en a quelques-uns qui comptent, mais la plupart ne guignent qu'à chopper toute chaude la place des opportunards et des réacs. En réalité, le chambard qu'ils rêvent se borne à changer les étiquettes, à recrépir la façade et autres fumisteries du même blot. Avec eux, au lieu d'être exploités par un patron, on le serait par l'Etat; les contre-coups deviendraient les larbins de la gouvernance; au lieu de toucher notre paye en pièces de cent sous, on nous la cracherait en billets de banque baptisés « bons de travail ».

En face de ces engeances, se campent les *Libertaires* qui ne veulent ni gouverner ni être gouvernés, ni exploiter ni être exploités, ni juger ou condamner, ni être jugés ou condamnés.

Le populo est évidemment de leur bord, seulement on lui a tellement bourré le siphon de gnoleries qu'il ne voit pas distinctement les tenants et les aboutissants de sa misère. Mais, nom de dieu, ça viendra!

LE FISTON. — Eh, dis-moi, y a-t-il longtemps que les anarchos existent?

BIBI. — Je pourrais te répondre qu'ils sont aussi vieux que l'exploitation humaine, attendu que chaque fois qu'un bon bougre s'est rebiffé contre l'autorité d'un gouvernant ou d'un proprio, il était poussé par l'idée anarchote, plus ou moins claire, plus ou moins incomplète.... Mais, ça serait nous ramener trop loin! Les papas des anarchos actuels sont les *Enragés* de 1793. Hébert, le *Père Duchesne*, s'était fendu d'une déclaration bougrement moins amphigourique que celle des Droits de l'Homme, elle tenait en deux mots : « Je veux pas que l'on m'emmerde! » Cette riche déclaration est encore de saison, nom de dieu.

Quand vint la révolution de 48, l'idée anarchote germa encore : à l'époque Proudhon dépiota l'Etat et prouva que ce n'était que la cinquième roue d'un carrosse.

Mais c'est depuis la troisième république que l'idée s'est développée en plein. Rien que pour faire l'historique de l'Anarchie depuis l'insurrection de Benevent en 187., jusqu'à l'exécution du riche dou Paulino Pallas, sans même rien dire de Ravachol, vu qu'il est aujourd'hui plus connu que le loup blanc, on userait bougrement de papier.

Comme y a pas de lézard à dire long là-dessus, je n'insisterai que sur un fait, l'assassinat des anarchos de Chicago. C'est en 87 qu'ils furent pendus... et après l'h.., six ans après, les voilà réhabilités! Un rien avant, le gouverneur de l'Illinois, proclame que leur procès est monstrueusement entaché de partialité, qu'ils étaient innocents... Hein, comme ça marche

FISCHER — ENGEL — PARSONS — LINGG — SPIES

Assassinés par la potence à Chicago, le 11 novembre 1887. — Pour éviter le supplice,
Lingg se suicide avec un cigare bourré de dynamite.

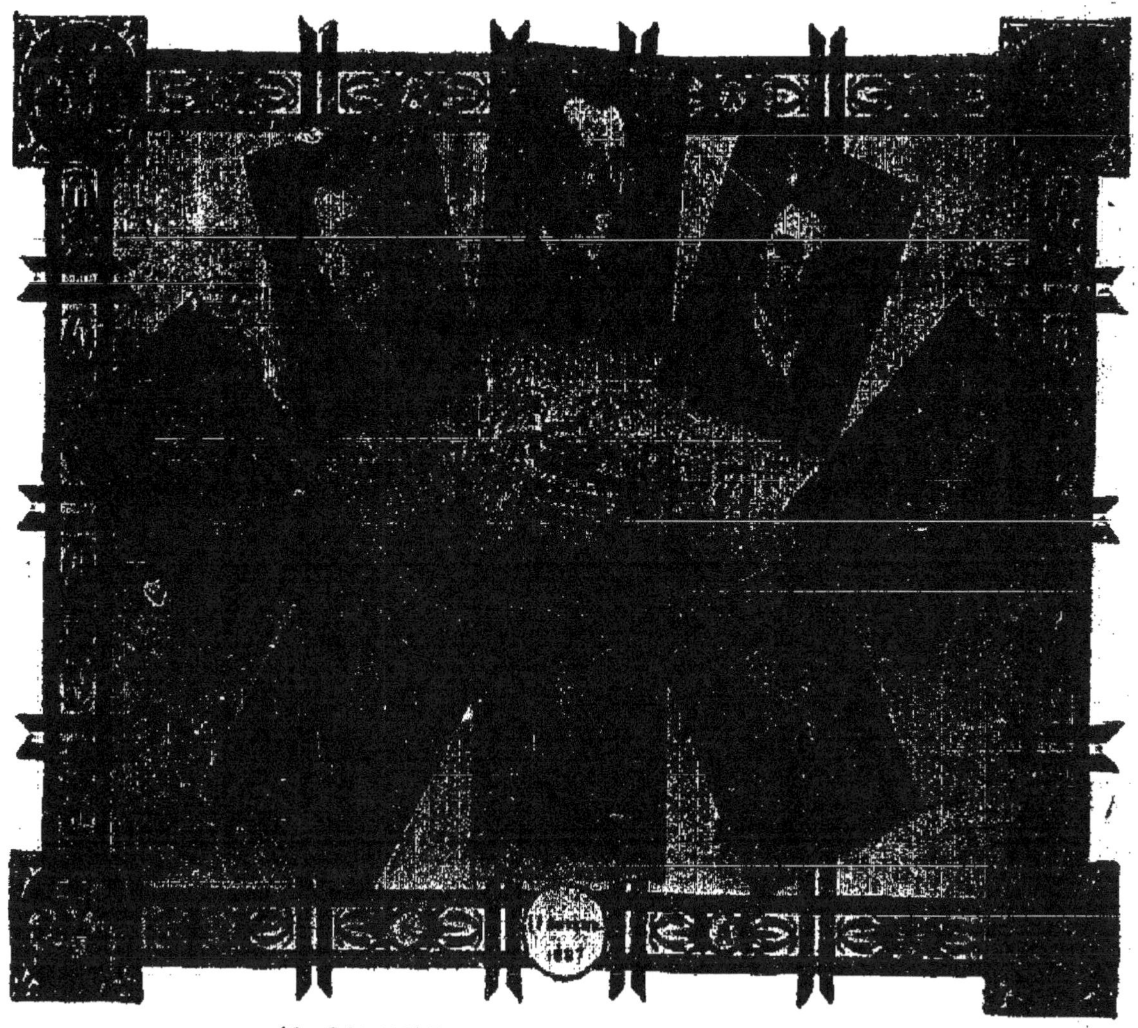

M. SCHWAB — S. FIELDEN — O. NEEBE

Un décret du gouverneur de l'Illinois les a remis en liberté en juin 1893. Dans ce décret, le gouverneur déclare que le procès des anarchos a été une abominable crapulerie : faux témoignages à la clé, jurés achetés, verdict rendu d'avance..... Un pur assassinat, quoi! Ne pouvant rendre la vie aux morts, il rend la liberté aux vivants **sans conditions d'aucune sorte.**

vite tout de même! Ces zigues d'attaque qui, il y a six ans, étaient agonisés de sottises, traînés dans la boue, traités de monstres, sont aujourd'hui reconnus les victimes des férocités bourgeoises... Et par qui? Par le populo? Si ce n'était que lui... Mais non! Ce sont les gouvernants eux-mêmes qui gueulent leur crime et s'en lavent les mains en remettant les survivants en liberté!

Ah, mon pauvre fiston, les chéricafards font de leurs épates avec les persécutions que subirent leurs apôtres et leurs disciples. Eh bien, comme héroïsme et comme quantité, les martyrs chrétiens sont dégottés! Les anarchos qui sont tombés dans la lutte ont été aussi au dessus des chrétiens, que la tour Eiffel est au dessus des taupinières. C'est d'autant plus chouette que les gas n'étaient que des hommes, tandis que les ratichons racontent que leurs martyrs avaient Dieu dans leur manche; en plus, les types croyaient que leurs souffrances leur vaudraient des chiées de bonheur dans le ciel, tandis que les anarchos savaient qu'après la mort, c'est fini... bien fini!

Et tandis que les anarchos s'en vont à la mort, s'embarquent pour les bagnes, farcissent les prisons, subissent les avanies de la gouvernance et des patrons, que manigancent les socialos pisse-froids?

Ils maquillent la conquête des pouvoirs publics et passent à la caisse... Ceux qui écoppent, outre les anarchos, ce sont les prolos qui se sont rebiffés en temps de grève.

LE FISTON. — Autre chose, père Peinard, que penses-tu des grèves?

BIBI. — Certes, les grèves quelles qu'elles soient, causent des désagréments à bien des bons bougres : comme les grévistes veulent lutter avec les capitalos sur leur terrain, c'est-à-dire avec des gros sous contre les billets de mille, il leur arrive trop souvent d'être roulés. Et les plus énergiques sont saqués et foutus à l'index...

Mais, si les prolos ne faisaient pas grève quand le singe veut leur serrer la vis, on en verrait de belles!

Que je te dise, le vieux proverbe « comme on fait son plumard on se couche » a bougrement du vrai. On serine trop que la paye des ouvriers ne dépasse jamais le minimum de ce qui est juste nécessaire à l'existence, (et souvent va au dessous jusqu'à s'évanouir...)

Non, c'est pas l'estomac qui fixe le taux des salaires : c'est notre biceps.

Si nous sommes énergiques, le patron file doux et n'ose pas rogner les salaires et allonger les heures de turbin.

Au contraire, plus nous serrons les fesses, plus nous baissons le caquet, plus l'exploiteur le prend de haut, et moins il s'épate pour nous mener au bâton.

Les différences de salaire ne s'expliquent pas autrement : A Paris, par exemple, les raffineurs, pour un turbin de cheval, palpent 3 ou 4 balles par jour, tandis que les ouvriers en vélos gagnent leurs dix francs.

Y a pas mèche de dire que les uns et les autres palpent le minimum de ce qui est nécessaire à leur existence. En effet, la panse des raffineurs est aussi large que celle des ouvriers en vélos. D'autre part, pour les uns comme pour les autres, le pain vaut huit sous le kilo...

Ce qui entre en jeu, fait la différence, c'est la poigne! Si les raffineurs ne touchent qu'un salaire de famine, c'est parce qu'ils ne se tiennent pas assez, — au contraire les gas du vélo ne se laissent pas écrabouiller les arpions, et plutôt que de subir une diminution de paye, ils couperaient un patron en quatre.

Autre exemple :

Dans le mitan des campagnes où les capitalos s'en vont maintenant installer des bagnes industriels, y a des prolos qui gagnent à peine vingt sous par jour. Les malheureux vivotent comme ils peuvent : ils bouffent des pommes de terre, lichent du sirop de grenouille et ne connaissent la bidoche que de réputation.

Crois-tu que leur panse diffère de celle des prolos de Paris, au point qu'elle refoulerait sur la soupe et le bœuf?

M'est avis que non, mille bombes!

Seulement comme les pauvres ouvriers pétrousquins ont la tête farcie d'ignorance et d'esprit de soumission, ils ne savent par quel bout s'y prendre pour se rebiffer contre le patron et lui imposer leurs volontés.

D'autre part, tu penses bien que ce n'est pas par amour de nos bobines que les patrons de Paris nous crachent une paye si supérieure à celle que palpent les prolos des campagnes.

Foutre non! S'il ne tenait qu'à eux, ils nous auraient vite réduits au même minimum.

Donc, c'est se foutre le doigt dans l'œil, de dire que les patrons nous aboulent le minimum de salaire indispensable à notre boulottage. Le thermomètre de notre paye, c'est notre poigne, nom de dieu!

Conclusion : le populo n'est pas assez exigeant!

LE FISTON. — Oh oui, nous sommes trop poules mouillées. On est d'un pacifique...., ça m'en fait roter des tuyaux de cheminée! A propos, et les huit heures, que penses-tu de ce truc?

BIBI. — Tous ces fourbis de socialos à la flan, les trois-huit, le minimum de salaires, etc. c'est des dérivatifs.

La question n'est pas de travailler tant d'heures, de toucher tant..., mais plutôt de ne pas être exploités! C'est ce qu'ont tout à fait perdu de vu les pisse-froids : ils ne parlent plus de faire rendre gorge aux capitalos, c'est passé de mode!

Autre chose, s'adresser à la gouvernance pour les huit heures, c'est se tromper de porte : c'est aux patrons qu'il faut casser le morceau.

Y a des bons bougres qui se figurent que ces réformes beurreraient leurs épinards. A ceux-là, que je dise : tant qu'ils mendigotteront des bricoles, le singe ne leurs aboulera que des foutaises.

Si on doit décrocher les huit heures, elles ne nous tomberont sur le museau que le jour où, au lieu de s'en tenir aux bagatelles, on s'alignera pour prendre possession des usines.

Du coup, les capitalos mettront les pouces : pour conserver leur saint-frusquin, ils nous autoriseront à ne travailler que six heures..., pourvu que ce soit à leur compte.

LE PISTON. — Pour lors, à ton avis, ce qu'on doit viser c'est le chambardement général : en exigeant beaucoup on a chance d'obtenir quéque chose, tandis qu'en mendigottant peu, on ne récolte que des rogatons et des avaros.

BIBI. — Tu dis vrai, nom de dieu ! Mais, le jour où on se foutra en chantier pour prendre le plus, on serait rien daims de se contenter d'un acompte.

LE PISTON. — Je vois bien où tu veux en venir, mais un coup la vieille baraque foutue à bas, comment s'alignera-t-on ? J'ai peur que les feignants ne vivent aux crochets du populo ?

BIBI. — Où vois-tu les feignasses dans la société actuelle ? C'est y du côté des prolos ? Non ! Celui qui tire à cul, que dans les ateliers on traite de feignasse, il ne fait cela que parce qu'il se rend plus ou moins compte que son travail ne profite qu'à l'exploiteur : moins il en fait, mieux ça vaut !... Mais le jour où il turbinera pour lui, tu le verras se dégourdir !

Les vrais feignasses, ce sont les capitalos et la racaille de la haute ; ces maudits enjôleurs, pour qu'on n'aperçoive pas leur flemme, gueulent « aux feignants », comme le cambrioleur qui se débine dans la rue crie « au voleur » pour qu'on ne l'arquepince pas.

Le travail est une gymnastique nécessaire : celui qui n'en fout pas un coup d'un bout de l'an à l'autre, tombe malade. Évidemment je parle d'un turbin modéré, ne tuant pas son homme à la peine, — tel qu'il sera à l'ordre du jour dans la société anarchote.

LE PISTON. — Je saisis le coup. Mais, une supposition : que des types refusent de travailler et veuillent vivre aux crochets des turbineurs, que fera-t-on pour empêcher ça ?

BIBI. — Y a deux systèmes. Je vais, par un exemple, te donner à choisir : figure-toi que la société est seulement composée de vingt personnes, ayant toutes un métier utile. Malheureusement, sur les vingt, y a un feignant qui refuse de travailler et qui veut vivre aux crochets des copains. Les 19 autres groument, nom d'une pipe ! Après bien des discussions, ils décident de couper les vivres au mec et, pour l'empêcher de rien barbotter, ils choisissent le plus grand, le plus fort et le plus bête d'entre eux, qu'ils bombardent gendarme.

Un beau soir, le pandore paume le feignant sur le tas, en train de tordre le cou à une poule ; il le passe un brin à tabac et l'amène aux camaros.

Qu'en foutre ? Si on le relâche, il s'en retournera chopper les poules. Après bien des hésitations, on décide de le foutre à l'ombre.

Mais où ? Faut une prison ! Pour ça, on délègue le maçon et le serrurier qui, pendant quelques semaines, lâchent leur turbin utile pour édifier cette saloperie appelée « prison ».

On y enfourne alors le feignasse.

A ce moment, un remords germe dans le siphon des 19 : « Avons-nous le droit de priver ce coco de sa liberté ? »

Après s'être bien chamaillés, s'être foutus des gnons sur le gnasse, ils accouchent d'une constitution. Comme ils sont très démoc-soc, ils organisent la législation directe du peuple par le peuple, avec referendum et tout le bazar ! Une salade qui, pour ne pas être russe, n'en est pas moins infecte.

Maintenant, y a pas d'erreur ! On a droit de foutre le feignasse au clou, à condition qu'un jugeur le condamne.

Faut donc décrocher un jugeur ! On donne cette corvée au plus salaud des 19.

Enfin, ça y est : le feignant est au ballon ! Mais, comme il la trouve mauvaise, il a fallu lui coller un gardien. On a choisi pour ça, — toujours sur les 19 ! — le plus sournois de la bande.

Récapitulons : pour se garer d'un flemmard, mes 19 andouilles sont donc arrivés à nourrir à rien foutre :

Primo, un gendarme,

Deuxièmo, un jugeur,

Troisièmo, un gaffe,

Quatrièmo, pendant un sacré temps, le serrurier et le maçon ont eu un tintouin du diable pour bâtir la prison, — tandis qu'ils laissaient les turnes des bons bougres se délabrer.

Cinquièmo, le plus gondolant, c'est que mes 19 loufoques nourrissent tout de même leur feignant : faut qu'il bouffe, au clou !...

Voilà, fiston, ce qui se passe en grand dans la vache de société actuelle. Pour ne pas nourrir une flemme, on en nourrit quatre !

Dans une société anarchote, on manœuvrerait autrement : s'étant rendu compte qu'il est plus onéreux de foutre un salopiaud au clou, que de le laisser vagabonder on se résignerait à le nourrir... en le méprisant.

Or, pour supporter le mépris de tous ; faut une sacrée dose de caractère, incompatible le plus souvent avec la flemmanza. Le feignant serait vite dégoûté de son inoccupation et bricolerait.

En tous cas, il se produirait quéque chose d'approchant à ce que nous voyons dans la société actuelle ; le métier de mouchard et celui de maquereau font vivre leur homme sans rien foutre. Pourtant y a pas épais de types qui en pincent, — et ceux-là mêmes, n'avouent pas leur sale profession…, ils s'en cachent, craignant le mépris.

Ceci dit, petiot, entre les deux systèmes, celui de la répression des feignants ou le fourbi anarcho, lequel te botte ?

LE PISTON. — Oh foutre, j'en conviens, le système anarcho est supérieur. Reste à savoir si les hommes seraient assez bons ?

BIBI. — Ah, voilà une autre histoire : le coup de la bonté ! On t'a dit que les hommes étaient des bêtes féroces… Bondieu, que je voudrais que ce fut vrai ! Nous ne supporterions pas cinq minutes les crapulards de la haute. Reluque donc, nom de dieu ! Quel est le bon bougre qui ne reçoit pas une avanie par jour ? Y en a pas ! Si nous étions si terribles on casserait et briserait tout.

Ce qui fait dire ça, c'est les crimes qui se

commettent journellement. Mille dieux, y a qu'à regarder : tous sont la conséquence de la société actuelle. La plupart ont pour cause l'argent.

Tiens, guigne les deux bobêchons qui vont clôturer mon almanach : ces deux chiâleurs agenouillés, c'est deux frangins ; pour bien pleurnicher au lit de leur papa, ils se sont payés une botte d'oignons.

Le paternel crampse !… A peine est-il fourré dans la boîte à dominos que les yeux des deux oiseaux se sèchent et ils se chamaillent pire que chien et chat. Tout ça pour l'héritage !

Sans l'héritage, y a pas à tortiller : ils seraient amis, pire que cochons !

Mais, petit fieu, assez causé : y aurait encore bougrement à en dire, seulement, comme je vas coller notre jabotage dans l'almanach, faut arrêter les frais car le papier tire à sa fin.

Sur ce, on va aller boire une bonne chopine et trinquer à la santé des bons bougres et du prochain chambard… que ça traîne le moins possible, mille marmites !

A. Delalé. Imprim. spéciale du *Père Peinard*, 1 bis, rue d'Orsel — Paris.

...S BOUGRES

Pour Deux Ronds

PAYEZ - VOUS

Chaque Dimanche

LE PÈRE PEINARD

foutre, c'est pas du pognon mal dépensé !

vieux gniaff n'est pas un journaleux ordinaire : il n'a pas châsses et ne mâche pas leurs vérités aux gouvernants capitalos. Pour astiquer les fesses à tous les jean-foutre, jamais en retard : il cogne dessus, aussi ferme que s'il la semelle.

numéro du caneton a huit grandes pages ; y a sept de tartines et à la dernière un bon fieu y pose un dessin aux pommes.

Pour se décrasser les boyaux de la tête, parmi des tapées flambeaux, deux canetons sont à lire :

LA RÉVOLTE, rue Mouffe- || **L'INSURGÉ,** rue Tramassac, tard, 140, Paris. || 26, Lyon.

Imp. spéc. du *Père Peinard*, 1 bis, rue ...